CW00524278

Le vrai sens du ⸱⸱⸱⸱⸱e

Le vrai sens du Service

Plus seulement spectateur des merveilles de Dieu mais aussi acteur pour son œuvre

Aurélien SCORSONE

Autoédition

Copyright © 2023 by Aurélien SCORSONE

Éditeur :

Aurélien SCORSONE

Avenue Elisée Reclus 87200 Saint Junien

ISBN : 979-8-392138-76-0

Dépôt légal : Juin 2023

Imprimé à la demande par Amazon

Table des matières

Remerciements

Je remercie ma famille de m'avoir soutenu dans ce projet, les différents pasteurs qui m'ont encouragé à aborder ce sujet, et les frères et sœurs qui m'ont conseillé, donné leur vision et avis sur cette thématique. Je suis également reconnaissant envers tous ceux qui m'ont aidé dans la correction et la mise en page de ce livre.

Avant-propos

Loin de moi l'idée de me considérer comme un exemple dans ce domaine. Il s'agit simplement d'un thème qui m'intéresse et m'interroge depuis déjà plusieurs années et voici quelques pistes de réflexion et d'encouragements sur ce sujet. Ce livre est le fruit de beaucoup de réflexions, d'échanges, de recherches dans la Bible et de questions posées à des frères et sœurs qui sont au service de Dieu dans différents domaines. Le service est un sujet qui concerne tous les chrétiens engagés avec notre Seigneur et il est important de savoir ce qu'est réellement le service d'un point de vue biblique.

Ce livre abordera donc ce thème-là de manière assez large et s'appuiera sur des versets de la Bible. Le service n'est pas simplement le fait d'accomplir une tâche dans un domaine, même si cela en fait partie, comme vous pourrez le lire. Le service est une action mais le sens que l'on y met en est une autre. Nous devons savoir quel est le vrai sens du service afin d'être des serviteurs utiles à Dieu. Ce livre abordera donc les réflexions suivantes :

- L'exemple suprême du serviteur
- L'état d'esprit du serviteur
- Les qualités d'un serviteur
- Les serviteurs de l'ombre ayant eu un grand impact

- Une multitude d'occasions de servir
- Exemples de services peu répandus
- Remarquable mais non remarqué
- Servir là où il y a un besoin et non où j'ai envie
- Un engagement qui se communique
- Servir dans l'unité avec un but commun
- Un service de chaque jour
- Grandir dans son service
- Le serviteur face à la critique
- Servir en famille
- Répondre à l'appel de Dieu dans un service bien précis
- Porter du fruit
- En voir les fruits
- Sauvé pour servir

L'occasion me sera donnée de partager certains témoignages vécus personnellement et ceux de bien d'autres serviteurs. Peut-être que vous vous êtes déjà posé certaines questions comme : *« Comment servir Dieu et dans quel domaine ? »* ou bien encore *« Comment être un serviteur efficace ? »*, *« Suis-je obligé de servir ? »*, *« J'ai un appel de Dieu mais je n'ose pas y aller »*, *« Je n'ai aucun appel, que vais-je faire ? »*. Le but de ce livre est de se questionner, de remettre en perspective sa vision du service pour faire avancer le royaume de Dieu.

Introduction

Le service, voilà un bien grand mot qui est parfois mal compris. Un jour, lors d'une réunion de jeunesse, un pasteur a abordé ce thème et disait : *« Pour moi, le service est semblable à une route avec des nids-de-poule, ce qui la rend difficilement praticable pour tous ceux qui y roulent. Elle peut devenir dangereuse. Cette route a besoin de quelque chose pour être bien fonctionnelle, c'est donc d'être réparée, il faut boucher les trous. Le service, c'est d'aller là où il y a un besoin, et d'agir »*. Par la suite, il rajoutera que le service en question n'est pas toujours intéressant, ni glorifiant, ni en lumière ! Mais le constat est là, il y a un besoin, pouvez-vous vous en charger ? L'avez-vous à cœur ?

Je ne compte plus le nombre de gens qui disent : *« Je veux servir mais j'attends que Dieu me le dise »*, *« Je n'ai pas de compétence »*. ... et le plus couramment : *« Je n'ai pas reçu d'appel »*.

Pour ma propre vie, si j'avais dû attendre de recevoir « un appel » à chaque fois que j'ai servi le Seigneur dans un domaine ou un autre, j'attendrai encore.

Ce que je constate, c'est que de manière générale, nous avons le cœur trop étroit lorsqu'il s'agit de servir Dieu. Nous pensons essentiellement à pasteur, à missionnaire, ou bien encore à évangéliste et à rien d'autre ; par conséquent, si je n'ai reçu aucun appel dans ces trois domaines là, je suis condamné à ne jamais servir durant toute mon existence ou à attendre que Dieu « change d'avis » !

Chapitre 1 :
L'exemple suprême du serviteur

Tous les chrétiens aspirent (ou le devraient) à être des hommes, des femmes de Dieu et la Bible ne manque pas d'exemples de personnes à qui l'on souhaiterait s'identifier. Si nous ne connaissons pas le récit de leur vie entière, nous connaissons tout au moins une histoire ou une situation de ces grands hommes (femmes) de Dieu qui nous inspire. Nul besoin de citer leurs noms[1], quelques mots de leur histoire suffiront pour que vous puissiez les identifier, preuve qu'ils nous inspirent :

- Il a construit une arche,
- Il est appelé le Père de la multitude,
- Vendu par ses frères, il finira le deuxième d'Égypte,
- Il a ouvert la mer en deux,
- Il a battu un géant nommé Goliath alors qu'il n'était qu'un simple berger,
- Il a été dans la fosse au lion,
- Il a été avalé par un gros poisson durant trois jours et recraché vivant.

---

[1] Noé, Abraham, Joseph, Moïse, David, Daniel, Jonas.

Sans compter Samuel, Job, Esaïe, Josué, l'apôtre Paul ainsi que les disciples de Jésus. Toutes ces personnes ont été et sont des exemples pour nous. Tous ont été des « serviteurs » de Dieu, et nous pouvons nous en inspirer.

Vous aurez certainement compris là où je veux en venir. Même l'apôtre Paul, que l'on peut grandement imiter, dira dans 1 Corinthiens 11 v. 1 : *« Soyez mes imitateurs, comme je le suis moi-même de Christ »*. J'ai donc envie de nous encourager à prendre exemple sur JÉSUS.

Énormément de personnes sur Terre ont entendu parler de Jésus. Il a marqué l'histoire. J'ai presque envie de dire que tout le monde a déjà entendu parler de Jésus même si les raisons divergent. Certains connaissent Jésus de nom, tout simplement car nous sommes en l'an 2023 après Jésus-Christ. Pour d'autres, ils le connaissent de nom et disent qu'ils ne croient pas en lui, mais pour ne pas croire en une personne, il faut déjà avoir entendu parler d'elle. « C'est un prophète », diront certains. D'autres encore ont entendu son nom à l'école ou en famille, par la grand-mère qui est croyante, ou lors d'un baptême, d'un mariage ou d'un enterrement. Quoi qu'il en soit, ce nom n'est pas inconnu.

Il y a déjà plusieurs années, avec des amis chrétiens, nous voulions annoncer la Bonne

Nouvelle de Jésus mais nous ne savions pas par où commencer. Nous nous sommes alors dit, que le mieux serait de demander à nos interlocuteurs s'ils connaissaient le nom de Jésus et qu'est-ce que ce nom représentait pour eux ? Les réponses étaient assez variées :

- Le fils de Dieu
- Dieu en homme
- Un prophète
- Un homme qui est mort depuis longtemps
- Personne d'important
- Un révolutionnaire
- Un faiseur de miracles
- La seule personne dont on a entendu dire qu'elle est ressuscitée
- Un modèle
- Un homme sans péché
- Je ne sais pas, je connais juste ce nom

Malgré toutes ces réponses, je m'étonne que personne n'ait dit « un serviteur », car lorsqu'on lit les Évangiles, mais pas seulement, nous voyons Jésus se qualifier de serviteur.

« Qu'il n'en soit pas de même pour vous. Mais que le plus grand parmi vous soit comme le plus petit, et celui qui gouverne comme celui qui sert. Car quel est le plus grand, celui qui est à table, ou celui qui sert ? N'est-ce pas celui qui est à table ? Et moi,

cependant, je suis au milieu de vous comme celui qui sert » (Luc 22 v. 26-27).

Le mot *service* a la même origine que le mot *serviteur*. Le serviteur est celui qui est au service, il répond à un besoin. A l'origine, le mot pour désigner un serviteur était le mot *esclave, domestique, celui qui sert.*

Lorsque nous parlons de modèle dans le service, d'exemple à suivre, nous sommes obligés de parler de Jésus qui est l'exemple parfait. Toute sa vie, Jésus a été un modèle. Lui qui était le fils de Dieu, il a vécu comme un homme, soumis aux mêmes autorités, aux mêmes tentations, aux mêmes contraintes et difficultés et pour autant, il n'a jamais péché. Jésus a été un exemple dans beaucoup de domaines, dont le service ; il s'est rendu lui-même serviteur de tous. Si Jésus était lui-même un serviteur, à combien plus forte raison, devons-nous, nous aussi être des serviteurs.

« Car le Fils de l'homme est venu, non pour être servi, mais pour servir et donner sa vie comme la rançon de plusieurs » (Marc 10 v. 45).

Chapitre 2 :
L'état d'esprit du serviteur

« Qui de vous, ayant un serviteur qui laboure ou paît les troupeaux, lui dira, quand il revient des champs : Approche vite, et mets-toi à table ? Ne lui dira-t-il pas au contraire : Prépare-moi à souper, ceins-toi, et sers-moi, jusqu'à ce que j'aie mangé et bu ; après cela, toi, tu mangeras et boiras ? Doit-il de la reconnaissance à ce serviteur parce qu'il a fait ce qui lui était ordonné ? Vous de même, quand vous avez fait tout ce qui vous a été ordonné, dites : Nous sommes des serviteurs inutiles, nous avons fait ce que nous devions faire » (Luc 17 v. 7 à 10).

Il serait difficile de détailler ci-dessous toutes les qualités de Jésus, elles seraient bien trop nombreuses. Néanmoins, si on devait résumer, voici les qualités qui ressortiraient, qualités dont il faut se revêtir afin d'être dans de bonnes conditions pour servir. Ce qu'il est important de comprendre dès à présent, c'est que le but n'est pas d'exceller dans une des qualités seulement mais bien de se revêtir du mieux possible de chacune d'entre elles. Ce qui a fait « la force » de Jésus, c'est bien la complémentarité de ces qualités et non la maîtrise parfaite (si tant est que ce soit possible pour nous) d'une seule.

L'esprit de service

L'esprit de service est bien une qualité première pour un serviteur s'il veut pouvoir perdurer. Pour reprendre le verset précédemment cité : « *Et moi, cependant, je suis au milieu de vous comme celui qui sert* » (Luc 22 v. 27). Jésus était, en premier lieu, le serviteur de tous. Il est ici question de disponibilité, il est prêt à servir là où le besoin se fait sentir. Celui qui a un esprit de service fait avec ce qu'il a. Il est animé d'un zèle pour servir et ne se donne pas d'excuse pour ne pas agir.

L'esprit de service implique de faire de son service une priorité, sans pour autant que cela passe avant notre famille et notre relation avec Dieu (je détaillerai ma réflexion un peu plus bas). On peut parler de consécration, cela va certainement nous coûter en temps, en énergie, en argent, exiger de la patience, de la persévérance et tant d'autres choses. L'esprit de service veut donc dire être prêt et motivé à sacrifier un peu (ou beaucoup) de son propre bien-être et confort pour le service de Dieu.

« *[…] je me suis rendu le serviteur de tous, afin de gagner le plus grand nombre* » (1 Corinthiens 9 v. 19).

L'esprit de service nous parle aussi d'une certaine soumission à une autorité. En effet, si je suis le « serviteur », je suis bien soumis à quelqu'un qui est

« mon maître » du moins, à une personne à qui j'en réfère. Ce peut être mon pasteur, mon mentor, mon responsable, mon directeur, une quelconque autorité et s'il n'y en pas n'oublions pas que celui qui nous « emploie », c'est Dieu[2]. Dans le début de ma relation avec le Seigneur, il m'a été difficile de comprendre que même Jésus avait obéi, lui, le fils de Dieu, et pourtant il dira : *« Car je suis descendu du ciel, non pour faire ma volonté, mais la volonté de celui qui m'a envoyé »* (Jean 6 v. 38). Si Jésus, qui est notre exemple suprême obéissait lui aussi, cela m'encourage à respecter l'autorité « en toute circonstance ».

« Serviteurs, obéissez à vos maîtres selon la chair, avec crainte et tremblement, dans la simplicité de votre cœur, comme à Christ, non pas seulement sous leurs yeux, comme pour plaire aux hommes, mais comme des serviteurs de Christ, qui font de bon cœur la volonté de Dieu. Servez-les avec empressement, comme servant le Seigneur et non des hommes [...] » (Éphésiens 6 v. 5 à 7).

---

[2] Que toute personne soit soumise aux autorités supérieures ; car il n'y a point d'autorité qui ne vienne de Dieu, et les autorités qui existent ont été instituées de Dieu (Romains 13 v. 1).

Chapitre 3 :
Les qualités d'un serviteur

L'humilité

« Ne faites rien par esprit de parti ou par vaine gloire, mais que l'humilité vous fasse regarder les autres comme étant au-dessus de vous-mêmes. Que chacun de vous, au lieu de considérer ses propres intérêts, considère aussi ceux des autres. Ayez en vous les sentiments qui étaient en Jésus-Christ, lequel, existant en forme de Dieu, n'a point regardé comme une proie à arracher d'être égal avec Dieu, mais s'est dépouillé lui-même, en prenant une forme de serviteur, en devenant semblable aux hommes ; et ayant paru comme un simple homme, il s'est humilié lui-même, se rendant obéissant jusqu'à la mort, même jusqu'à la mort de la croix » (Philippiens 2 v. 3 à 8).

Lors de l'écriture de ce livre, j'ai fait un sondage et j'ai demandé à plusieurs frères et sœurs de me dire selon eux quelles qualités fallait-il avoir pour être un « bon serviteur ». Quasiment tous m'ont répondu : l'humilité. Une des qualités premières du serviteur, c'est bien l'humilité. Dans un autre texte, nous pouvons lire que Jésus a lavé les pieds de ses disciples (Jean 13 v. 4 à 12). Il les sert avec humilité.

Il faut bien l'avouer, l'humilité n'est pas la plus facile des qualités à avoir, il faut parfois des années avant de bien en saisir le sens et tout ce que cela implique.

Lors des premières fois où j'ai entendu parler des miracles de Jésus et de sa vie, il m'est arrivé de m'interroger sur : « Qu'aurais-je fait, moi, si j'avais été le fils de Dieu ? ». Après une courte réflexion, si j'avais été le fils de Dieu, j'aurais certainement fait du bien autour de moi, mais je dois avouer que l'humilité n'aurait peut-être pas été la première chose qui me serait venue à l'esprit. Une partie de moi aurait eu envie de crier sur tous les toits qui je suis, de vivre dans le luxe, de montrer à tout le monde ce que je suis ! *« Je suis quand même le fils de Dieu et même son fils unique. Les miracles que je fais en attestent, je suis capable de renvoyer libre des opprimés, de marcher sur l'eau, de chasser des démons, de multiplier la nourriture, de faire des miracles, de sauver des gens, et même la tempête m'obéit… ».*

Après m'être mis à sa place le temps de quelques minutes, j'ai considéré ce que Lui avait fait. Nous pouvons lire :

« Après qu'il leur eut lavé les pieds, et qu'il eut pris ses vêtements, il se remit à table, et leur dit : Comprenez-vous ce que je vous ai fait ? Vous m'appelez Maître et Seigneur ; et vous dites bien,

car je le suis. Si donc je vous ai lavé les pieds, moi, le Seigneur et le Maître, vous devez aussi vous laver les pieds les uns aux autres ; car je vous ai donné un exemple, afin que vous fassiez comme je vous ai fait » (Jean 13 v. 12 – 15).

Jésus, lui, le fils de Dieu, rappelle qu'en effet il est bien le Maître et Seigneur, mais pas seulement, il est aussi le serviteur, l'esclave, celui qui sert son entourage **avec humilité**.

Cela nous montre le cœur de Jésus, il dira dans Matthieu 11 v. 29 : *« [...] je suis doux et humble de cœur [...] »*. L'humilité doit en premier lieu venir du cœur, pour ensuite se voir au travers des paroles, des actes et de l'apparence. Beaucoup ont une apparence humble mais un cœur orgueilleux, c'est ce que dit ce verset : *« Qu'aucun homme, sous une apparence d'humilité et par un culte des anges, ne vous ravisse à son gré le prix de la course, tandis qu'il s'abandonne à ses visions et qu'il est enflé d'un vain orgueil par ses pensées charnelles [...] »* (Colossiens 2 v. 18). Le diable-même se déguise, prend l'apparence de l'humilité, de la douceur mais le cœur n'est pas empreint d'humilité ; de ce fait tout le reste, les paroles, les actions et même les pensées ne peuvent pas l'être.

Vous le remarquerez donc, l'humilité est finalement l'opposé de l'orgueil. Le serviteur ne cherche pas à se mettre en avant, il ne cherche pas à être vu et reconnu, il ne cherche pas non plus à être à la première place, il ne cherche pas à être en lumière, même si son service l'appelle à se mettre sur le devant de la scène. Le serviteur ne travaille pas pour sa propre gloire mais pour celle de son maître ! Si votre service vous met en avant, en lumière, je vous encourage à garder cet esprit d'humilité qui vous permettra de perdurer dans votre service et d'être efficace, surtout à la gloire de Dieu.

« La crainte de l'Eternel enseigne la sagesse, Et l'humilité précède la gloire » (Proverbe 15 v. 33).

« L'arrogance précède la ruine, et l'orgueil précède la chute » (Proverbe 16 v. 18).

Un jour, lors d'une discussion assez vive entre les disciples ayant pour but de savoir lequel d'entre eux devait être estimé le plus grand, Jésus dira encore : *« Qu'il n'en soit pas de même pour vous. Mais que le plus grand parmi vous soit comme le plus petit, et celui qui gouverne comme celui qui sert. Car quel est le plus grand, celui qui est à table, ou celui qui sert ? N'est-ce pas celui qui est à table ? Et moi, cependant, je suis au milieu de vous comme celui qui sert »* (Luc 22 v. 26 - 27).

Jésus n'a pas montré toute sa puissance, sa gloire de manière hautaine. Il a montré sa gloire et sa puissance en s'humiliant, en étant le serviteur de tous.

« C'est ainsi que le Fils de l'homme est venu, non pour être servi, mais pour servir et donner sa vie comme la rançon de plusieurs » (Matthieu 20 v. 28).

Une intimité avec Dieu

Comment puis-je parler de quelqu'un ou être un témoin de Jésus, si je ne le connais pas, si je ne suis pas proche de lui. Pour qu'un serviteur puisse plaire à son maître, il doit le connaître, sinon tôt ou tard, son service va s'essouffler puis se terminer s'il n'entretient pas comme un feu sa relation avec Dieu.

L'image du feu est très parlante. Plus je vais le nourrir de bois, plus le feu va grossir, grandir et la chaleur prendra ainsi plus de place et affectera, impactera tous ceux qui sont là. Mais, l'inverse est aussi vrai. Moins je vais prendre soin du feu, moins je vais l'alimenter en bois plus la flamme diminuera, moins la chaleur sera forte ; la flamme diminuera jusqu'à s'éteindre. Le feu est l'image de Dieu dans ma vie et la taille des flammes dépend du bois que j'y mets. Plus je prends du temps pour Dieu, plus je veille à cette proximité avec lui et plus je suis réchauffé, entouré de sa chaleur et de sa présence. La question est : *« Comment puis-je entretenir ma relation avec lui ? »*. Quand on parle de relation, on parle d'échange, de communion. Dieu nous a donné pour cela, plusieurs moyens notamment **la prière**.

Dans la Bible, nous ne distinguons pas deux chemins ou deux desseins différents entre celui de Dieu et celui de Jésus ; non, les deux marchaient unis dans la même direction. Le Père parlait au Fils et le Fils parlait au Père. Lorsque Jésus avait douze ans, il enseignait les choses de son Père et la Bible nous dit que ceux qui l'entendaient *« étaient stupéfaits de son intelligence et de ses réponses[3] »*. Ils étaient stupéfaits car à son âge il connaissait déjà le Père. Il était proche de lui et de ce fait, ses propos étaient sages, sensés, instructifs. La prière n'était pas une option pour Jésus, une roue de secours lorsqu'il ne savait pas quoi faire. Non, Jésus avait une réelle relation avec son père. La Bible relate plusieurs fois où il le priait, par exemple lors de son baptême (Luc 3 v. 21-22), lorsqu'il devait choisir ses disciples (Luc 6 v. 12), sur la montagne de la Transfiguration (Luc 9 v. 28 - 29), avant d'être vendu (Luc 22 v. 41 à 44) lors de sa crucifixion (Luc 23 v. 34) et même au moment de remettre son esprit entre les mains de Dieu (Luc 23 v. 46). Cette relation qu'il avait, il veut que nous l'expérimentions nous aussi. C'est en voyant Jésus prier qu'un disciple lui demande de lui enseigner comment prier.

« [...] il faut toujours prier, et ne point se relâcher » (Luc 18 v. 1).

---

[3] Luc 2 v. 47.

Peu importe le lieu où l'on sert, que ce soit dans l'église ou hors de l'église, notre service doit être accompagné d'une vie de prière, d'une relation intime avec le Père, afin d'être constamment renouvelé.

« Mais ceux qui se confient en l'Eternel renouvellent leur force. Ils prennent le vol comme les aigles ; Ils courent, et ne se lassent point, Ils marchent, et ne se fatiguent point » (Ésaïe 40 v. 31).

Également, **la Bible,** qui, nous le croyons est la parole de Dieu, est un second moyen tout aussi important, qui s'ajoute à la vie de prière pour mieux connaître Dieu. Celle-ci nous parle directement, elle nous enseigne, nous encourage, nous rassure, nous reprend, nous dirige, nous (re)donne la foi. C'est un livre toujours d'actualité, actif et personnalisé ; un jour viendra où le verset nous parlera d'une manière et le lendemain, ce même verset nous parlera d'une autre manière ! C'est une parole vivante ! Il ne faut pas simplement lire la Bible mais bien *étudier* la Bible. La parole de Dieu se lit, s'étudie puis se vit, son but est de nous enseigner pour que nous puissions la mettre en application par la suite.

« Toute Écriture est inspirée de Dieu, et utile pour enseigner, pour convaincre, pour corriger, pour instruire dans la justice, afin que l'homme de Dieu soit accompli et propre à toute bonne œuvre » (2 Timothée 3 v. 16 – 17).

Enfin, nous avons aussi **la foi**. La foi est étroitement liée à la Parole de Dieu car notre foi est basée sur la Parole de Dieu. La foi, c'est la confiance que ce que Dieu dit est vrai : nous croyons ce qui est écrit, nous croyons en ses promesses. La définition biblique de la foi, d'après Romains 4 v. 21, *« C'est la pleine conviction que Dieu est capable de faire ce qu'il a promis »*. Nous avons la foi de croire que nous avons accès à la vie éternelle en son nom et au pardon de nos péchés. La foi[4], c'est l'assurance d'avoir une place dans son ciel de gloire et de croire qu'en son nom tout est possible. Nous croyons qu'il est mort pour porter nos péchés et ceux du monde entier mais aussi qu'il est ressuscité et qu'il intercède[5] auprès du Père pour nous. La foi, c'est de croire que seul Jésus sauve et qu'il est le seul chemin à suivre. Romains 10 v. 17 nous dit que : *« la foi vient de ce qu'on entend, et ce qu'on entend vient de la parole de Dieu »* et nous savons que la Bible est la parole de Dieu.

« Il n'y a de salut en aucun autre ; car il n'y a sous le ciel aucun autre nom qui ait été donné parmi les hommes, par lequel nous devions être sauvés » (Actes 4 v. 12).

---

[4] Or la foi est une ferme assurance des choses qu'on espère, une démonstration de celles qu'on ne voit pas (Hébreux 11 v. 1).

[5] Christ est mort ; bien plus, il est ressuscité, il est à la droite de Dieu, et il intercède pour nous ! (Romains 8 v. 34).

Peu importe le service dans lequel nous servons, veillons à garder cette intimité avec le Seigneur, persévérons dans la prière, dans l'étude de sa parole et veillons à garder notre foi en lui et ses promesses. Pour résumer très simplement, la prière, c'est essentiellement ce que je dis à Dieu, je lui parle. La Parole de Dieu, c'est ce qu'il a à me dire. Nous avons foi en ce que dit la Parole de Dieu et donc, nous prions avec foi.

L'amour

« Que tout ce que vous faites soit fait avec l'amour » (1 Corinthiens 16 v. 14).

« […] Au contraire, soyez par amour serviteurs les uns des autres » (Galates 5 v. 13).

Ces versets nous parlent de l'amour. Nous pourrions également parler de fidélité, de bienveillance, de compassion, d'écoute et d'attention auprès de notre entourage. L'amour englobe tous ces aspects-là et personne d'autre au monde ne saurait égaler l'amour de Jésus. Dans ce domaine, il est l'exemple suprême. La Bible ne manque pas de parler de ce sujet-là.

Jésus dira : *« Il n'y a pas de plus grand amour que de donner sa vie pour ses amis »* (Jean 15 v. 13).

« Je vous donne un commandement nouveau : Aimez-vous les uns les autres ; comme je vous ai aimés, vous aussi, aimez-vous les uns les autres. A ceci tous connaîtront que vous êtes mes disciples, si vous avez de l'amour les uns pour les autres » (Jean 13 v. 34 - 35). Sur la croix-même, en train d'agoniser, Jésus manifestera son amour et dira : **« Père, pardonne-leur, car ils ne savent ce qu'ils font »** (Luc 23 v. 34). Jésus ira même jusqu'à dire : « aimez vos ennemis » (Matthieu 5 v. 44).

Il est difficile de toujours aimer ceux qui nous entourent, ceux avec qui nous travaillons et ceux à qui nous devons rendre des comptes et ça l'est parfois plus encore dans notre service pour Dieu. Il faut bien comprendre que l'amour dans le service est semblable à de l'huile que l'on pourrait mettre dans des rouages, cela permet que rien n'accroche, mais qu'au contraire tout reste fluide. L'amour va vous permettre de parler avec douceur, d'être attentionné, souriant, encourageant, d'être plus attentif et à l'écoute des autres, de donner avec amour sans rien attendre en retour. Lorsque l'amour est ainsi présent, cela se ressent et se communique, notre entourage nous identifie comme un exemple, une personne repère à qui l'on a envie de se confier, chercher conseil ou tout simplement parler. Imaginez que votre service dans l'église soit l'accueil, vous allez être le premier interlocuteur qu'une nouvelle personne va rencontrer, vous allez être la toute première image de cette église. Pendant un court instant, vous allez être la seule personne à pouvoir refléter l'amour de Christ … ou non. Votre politesse, votre sourire et même votre tenue vont et doivent représenter l'église de Dieu. J'en profite pour faire une parenthèse mais c'est aussi vrai dans l'église que sur votre lieu de travail et en famille, l'amour doit nous revêtir, c'est même un outil d'évangélisation.

Également, l'amour va vous permettre d'être « enseignable », d'écouter les conseils, avis et parfois les réprimandes et de recevoir tout cela avec amour. Vous l'aurez certainement remarqué, mais lorsque l'on est débordant d'amour, même les réprimandes les plus dures nous les percevons comme des conseils plutôt que comme des points négatifs. Lorsque l'on est débordant d'amour[6], on ne se vexe pas, on ne critique pas, on ne prend pas mal les réflexions que l'on nous fait. 1 Corinthiens 13, du verset 4 au verset 8 précise :

« A ceci tous connaîtront que vous êtes mes disciples, si vous avez de l'amour les uns pour les autres » (Jean 13 v. 35).

---

[6] L'amour est patient, il est plein de bonté ; l'amour n'est pas envieux ; l'amour ne se vante pas, il ne s'enfle pas d'orgueil, il ne fait rien de malhonnête, il ne cherche pas son intérêt, il ne s'irrite pas, il ne soupçonne pas le mal, il ne se réjouit pas de l'injustice, mais il se réjouit de la vérité ; il pardonne tout, il croit tout, il espère tout, il supporte tout.

La constance

Généralement, lorsque l'on parle d'un service il s'agit d'un service dans le temps, sur du long terme, un service pour lequel il va donc falloir se munir de patience, de persévérance et de tant d'autres qualités. La constance correspond un peu au « rythme », à la cadence du service. La constance ou la régularité, est une grande qualité dans nos actions. Trop souvent, nous abandonnons ou diminuons notre action en fonction des difficultés et des attaques. Jésus a été un modèle de constance tout au long de son ministère. C'est même une qualité qui résume bien sa vie, son parcours sur terre.

Jésus a reçu un appel, celui d'apporter la Bonne Nouvelle et de sauver des âmes. Il a été tenté dans le désert (Matthieu 4 v. 1-10) mais il n'a pas failli, on a essayé de le lapider (Jean 10 v. 31), les gens se sont moqué de lui (Luc 8 v. 53), plusieurs de ses disciples l'ont déçu, renié (Marc 14 v. 66 à 72), ont manqué de foi (Jean 20 v. 25), l'ont trahi (Matthieu 26 v. 14 - 15) mais il n'a pas abandonné. A la fin de sa vie, il savait par avance ce qu'il allait devoir faire mais il n'a pas renoncé. Jésus est resté constant, il n'a pas fait « une pause » dans son service lorsqu'il a été persécuté ou bien eu des moments difficiles.

On va mesurer votre qualité de « travail », de serviteur en fonction de votre constance. Imaginez que vous soyez humble, aimant, mais pas régulier, absent une fois sur deux, souvent en retard et occasionnellement motivé. Cela ne va pas avoir l'efficacité souhaitée ; toutes ces qualités se complètent. Le serviteur qui tient dans la durée, dans le temps, c'est celui qui est constant du premier jour jusqu'au dernier, c'est une personne fiable sur qui l'on peut compter. Le serviteur constant ne se laisse pas détourner de sa mission, il maintient un rythme. Il garde toujours en vue son objectif, qu'il y ait un but final comme terminer une action concrète (la rénovation de son église – un temps fort avec les jeunes de l'église) ou bien une action à prolonger dans le temps (l'annonce de l'Évangile – les groupes de prière).

L'ennemi de la constance, c'est le découragement, la lassitude, la perte de vue de l'objectif fixé, l'infidélité, l'impatience.

L'équilibre

Je termine volontairement par cette qualité car elle englobe les précédentes. Si la constance correspond à un rythme régulier dans le service, l'équilibre, quant à lui, représente le fil conducteur, le serviteur est équilibré. Sous couvert d'évangéliser, si je tiens un stand biblique, je ne peux pas crier sur les passants qui refusent d'écouter ce que je dis : « *De toute façon vous irez en enfer !* », je prends un exemple qui caricature le déséquilibre volontairement, mais parfois on a pu voir des comportements similaires...

Dans l'amour ou même l'humilité, il faut de l'équilibre. Si j'aime ma femme au point de lui envoyer des SMS toutes les cinq minutes ou bien, si j'aime tellement mon fils que je cède à toute ses demandes, je ne suis pas équilibré. La conséquence d'un tel déséquilibre est finalement de passer complètement à côté de ce qu'était mon objectif initial, « faire du bien ».

Jésus était équilibré. Lorsque le jeune homme riche (Matthieu 19 v. 16 à 22) lui demande *« Que faut-il que je fasse pour hériter de la vie éternelle ? »*, Jésus lui donnera une réponse qui ne lui conviendra pas et celui-ci est reparti tout triste nous dit la Bible (v. 22). Il n'est pas écrit que Jésus l'a poursuivi pour changer de version, pour l'amadouer ou lui donner une réponse qui lui aurait fait plaisir, **au nom de son amour pour lui et son envie de le sauver !** Jésus faisait des miracles, ni trop, ni pas assez. Ce n'était pas un « distributeur de miracles », il n'abusait pas de ses dons pour agir n'importe comment. Jésus ne « forçait » pas son auditoire à croire en lui, il ne convertissait personne « de force ».

L'équilibre est nécessaire pour pouvoir nous adapter à notre interlocuteur qu'il soit chrétien, sympathisant ou même réfractaire à la parole de Dieu, de même s'il est adulte ou enfant, homme ou femme. Il sera parfois équilibré de laisser une femme s'adresser à une femme et un homme s'adresser à un homme, selon le sujet.

Un peu plus haut, lorsque je parlais de l'esprit de service, j'ai mentionné : « sans pour autant que cela passe avant notre famille et notre relation avec Dieu ». Peut-être l'avez-vous vécu si vous êtes dans un service qui vous prend tout votre temps et votre énergie mais il est très important de ne pas négliger sa famille, ni même sa relation avec Dieu. Cela peut paraître étonnant de préciser « ne pas négliger sa relation avec Dieu » alors que nous sommes dans un service pour lui mais cela arrive plus souvent que l'on ne le pense. On se focalise plus souvent sur la forme plutôt que sur le fond, le *comment* plutôt que le *pourquoi*.

Par exemple, si votre famille va très prochainement s'agrandir, il se peut que pendant un temps vous ne puissiez plus autant vous investir qu'auparavant lorsque vous étiez célibataire et c'est normal. Dieu nous appelle en premier lieu à prendre soin de notre famille, avant tout autre service. *« Si quelqu'un n'a pas soin des siens, et principalement de ceux de sa famille, il a renié la foi, et il est pire qu'un infidèle »* (1 Timothée 5 v. 8). Si votre famille s'agrandit, vous ne pouvez plus autant vous absenter ou donner autant de temps qu'auparavant mais Dieu sait tout cela, il le voit. C'est pour cela que l'équilibre est primordial. Si je ne prends pas soin des miens, ni même de ma relation avec Dieu, comment puis-je prétendre être « un bon serviteur » ?

Il est triste de voir des couples ou des familles se déchirer à cause d'un investissement déséquilibré. Certains sont prêts à abandonner leur famille pour traverser le monde entier pendant une longue période sous couvert d'évangéliser, de servir Dieu, mais les premiers qu'il faut « sauver », ce sont ceux de notre famille. En premier lieu, là où je dois être présent et être un serviteur, c'est dans ma propre famille. S'ensuivent des moments de grande peine, de déchirure et de colère même envers Dieu, *« Mais où es-tu Dieu ? Je t'ai servi jusqu'au bout de la Terre et voilà ma récompense ? »*. Mais êtes-vous sûr que Dieu était dans votre projet ? D'où l'importance d'être proche de Dieu pour savoir quand il est plus important d'être auprès des miens et quand est-ce que je peux m'absenter. Tout est une question d'équilibre et nous avons un Dieu équilibré.

Chapitre 4 :

Les serviteurs de l'ombre ayant eu un grand impact

Précédemment, je vous ai parlé de personnages de la Bible bien connus de tous et qui ont eu un impact pour l'œuvre de Dieu, mais avez-vous déjà entendu parler de Yokebed (Jokébed), Prisca (Priscille) et Aquilas, Epaïnète, Andronicus et Junias, Urbain, Tryphène et Tryphose, Perside ? Toutes ces personnes sont très peu citées dans la Bible, une seule fois pour la plupart, mais il suffit d'un seul verset pour comprendre qu'ils étaient de réels serviteurs.

Je suis quasiment certains que la plupart des lecteurs n'ont jamais entendu parler de Yokebed, alors que son fils est mondialement connu. Je ne vais pas vous dire directement qui est son fils afin que vous puissiez rester concentrés sur sa mère, Yokebed et comment elle a contribué grandement à l'œuvre de Dieu. Yokebed est décrite dans la Bible comme une femme de foi (Hébreux 11 v. 23), elle est une descendante directe d'Abraham, elle est fille de Lévi qui est lui-même fils de Jacob, fils d'Isaac, fils d'Abraham. Depuis son enfance, elle connaissait l'histoire de sa famille et l'histoire de ses pères. Les enseignements de Dieu se transmettaient de

génération en génération, elle savait qui était Dieu.
On peut dire qu'elle connaissait Dieu puisqu'elle
avait la foi. Son nom même, Yokebed signifie
« l'Éternel est gloire ». Cette femme fut enceinte et
mit au monde un fils et vit qu'il était beau (Exode 2
v. 2). Le sens du mot « beau » n'est pas le même
sens que l'on emploierait pour dire mignon ou joli,
mais plutôt dans le sens de « bon », le mot en
hébreux est « tov », ce qui veut dire « bon ». Le mot
« tov » est le même mot que l'on retrouve dans la
Genèse lorsque Dieu créa la Terre, il vit que c'était
bon (Genèse 1 v. 10, 12, 21, 25, 27). Dans ce texte-
là, Yokebed vit que son fils était bon, qu'il était
agréé, voulu de Dieu.

Peu de temps avant la naissance de son fils, le
pharaon ordonna que l'on tue tous les garçons qui
naîtraient et qu'on laisse vivre les filles. Voyant que
cela ne fonctionnait pas car les sages femmes
craignaient Dieu, il ordonna de jeter dans le fleuve
tous les nouveau-nés garçons. (Vous commencez
certainement à comprendre de quelle histoire il
s'agit). On imagine que dans cette situation et au vu
de tout ce que Dieu avait fait pour sa famille,
Yokebed avait foi en Dieu et imaginait que pour elle,
Dieu trouverait une alternative pour que son fils ne
soit pas jeté dans le fleuve. Au bout de trois mois,
elle ne put le cacher davantage devant l'oppression
grandissante. Elle devait s'attendre à Dieu chaque
jour, en se demandant *« Que vais-je faire ? »*, *« Tu as
agis pour ma famille, tu as fait une promesse à mes Pères, je*

te connais et tu m'as donné un fils ». Mettons-nous à sa place, qu'aurions-nous fait ? Cette femme de foi crut en Dieu et fit un acte jugé complètement fou et insensé d'un point de vue humain. Elle prit une caisse de jonc, mit l'enfant dedans et le déposa sur le Nil, à proximité du palais du Pharaon, celui-là même qui ordonna la mort de tous les garçons. Mais quelle mère accepterait de faire ça ? C'est une décision difficile à prendre pour une mère, or Yokebed savait que c'était le plan de Dieu alors elle a placé toute sa foi en Dieu comme l'a fait sa famille depuis des générations. Souvenez-vous que quelques générations avant elle, Dieu demanda à Abraham de sacrifier son propre fils ; on retrouve un peu là, la même histoire, la même incompréhension.

Yokebed pose son enfant sur le Nil, ne comprenant certainement pas comment cela pouvait être le plan de Dieu, comment une situation comme celle-ci pourrait bien se terminer. Un bébé dans une caisse en bois, sur un fleuve, avec des crocodiles et autres animaux, le courant etc… Absolument rien n'est réuni pour que cela ait du sens et se termine bien. Cette femme a lâché prise, elle a abandonné son raisonnement humain pour laisser place au divin, a laissé Dieu agir comme il le souhaitait. Par son geste, elle s'attendait à Dieu, elle attendait le miracle, elle ne pouvait plus revenir en arrière, elle est allée jusqu'au bout. Contre toute attente, encore une fois un évènement inattendu, la fille du Pharaon elle-même, voit un enfant sur le Nil, voit qu'il s'agit d'un garçon, voit qu'il s'agit d'un Hébreu et décide de le garder au sein même de sa maison. Déjà là, l'histoire est incroyable mais puisque Yokebed a eu une foi au-delà de tout raisonnement, Dieu a prévu de la bénir à un point qui dépasse tout entendement. Alors que la sœur du bébé suivait la caisse flottant sur l'eau à distance, elle vit que le bébé fut recueilli par la fille du Pharaon. L'enfant s'empressa donc d'aller la voir pour lui dire : *« Veux-tu que j'aille te chercher une nourrice parmi les femmes des Hébreux, pour allaiter cet enfant ? »* (Exode 2 v. 7). Ce à quoi elle répondit : *« Vas-y »*. La jeune fille alla chercher sa mère, Yokebed et celle-ci fut payée pour élever son propre enfant ! Rendez-vous compte de l'ampleur de la providence de Dieu, du retournement de situation alors que tout était perdu. Dieu a béni Yokebed au-delà de toutes ses espérances.

Cet enfant grandira au sein même de la famille de celui qui voulait le détruire, il sera élevé par sa propre mère et plus tard, il sera un serviteur extraordinaire nommé Moïse ! Nous connaissons tous Moïse mais maintenant nous savons aussi ce que sa mère a fait pour lui et pour Dieu. Yokebed est très peu citée dans la Bible, son nom est écrit seulement à deux reprises mais elle est un modèle de foi et de serviteur de l'ombre ayant eu un grand impact.

« Le nom de la femme d'Amram était Jokébed, fille de Lévi, laquelle naquit à Lévi, en Egypte ; elle enfanta à Amram : Aaron, Moïse, et Marie, leur sœur » (Nombre 26 v. 59).

Dans le dernier chapitre (16) de sa lettre aux Romains, Paul saisit l'occasion pour saluer vingt-six personnes au total et quatre groupes de croyants, chose qu'il ne fait nulle part ailleurs dans ses lettres, en tout cas, pas de manière aussi appuyée. Nous n'avons que très peu d'informations sur eux, mais les simples mots prononcés à leur sujet, venant de la bouche même de Paul, laissent rêveur. Nous avons là, une liste de véritables croyants « remarquables mais non remarqués ». Ils ont marqué l'Église du premier siècle, au moins dans les pays que sont aujourd'hui la Turquie, la Grèce et l'Italie, mais les récits de leur vie ne nous sont pas parvenu. Nous constatons ainsi que l'importance qu'un croyant a dans l'œuvre du Seigneur n'a souvent aucun rapport avec le fait d'être célèbre.

Il nous est dit de Prisca (Priscille) et Aquilas *« mes compagnons d'œuvre en Jésus-Christ, qui ont exposé leur tête pour sauver ma vie »* (v. 3 et 4). Epaïnetos (Epaïnète) semble avoir été le premier converti à Christ dans la province romaine d'Asie *« Epaïnète, mon bien-aimé, qui a été pour Christ les prémices de l'Asie »* (v. 5). Andronicus et Junias ont été mis en prison pour leur foi. Nous savons d'eux qu'ils étaient « très distingués » parmi ceux qui avaient comme mission d'annoncer l'Évangile et également qu'ils étaient chrétiens avant Paul : *« Andronicus et Junias, mes parents et mes compagnons de captivité, qui jouissent d'une grande considération parmi les apôtres, et qui même ont été en Christ avant moi »* (v. 7). Urbain, nous ne savons rien si ce n'est qu'il fût appelé « compagnon d'œuvre » par Paul, ce qui indique très clairement qu'il œuvrait pour faire connaître l'Évangile. *« Urbain, notre compagnon d'œuvre en Christ »* (v. 9). Tryphaina (Tryphène) et Tryphosa (Tryphose) sont probablement deux sœurs, qui étaient particulièrement actives pour le Seigneur au point que Paul prenait le temps de les saluer. *« Tryphène et Tryphose, qui travaillent pour le Seigneur »* (v. 12).

N'ayons pas peur d'être des serviteurs de l'ombre comme ceux cités ci-dessus et j'en passe. Pour beaucoup, leurs noms même n'ont jamais été mentionnés. Ces serviteurs n'étaient pas célèbres mais efficaces et actifs pour l'œuvre de Dieu et ils ont contribué grandement à ce que la Bonne Nouvelle se répande jusqu'à aujourd'hui.

Chapitre 5 :
Une multitude d'occasions de servir

Depuis que je connais Dieu, j'ai toujours voulu le servir, cela même avant ma conversion. J'étais simplement limité dans mon champ d'action car je n'avais pas tout compris et mon témoignage me faisait défaut puisque je n'étais pas complètement au Seigneur. Au moment même de ma conversion, Dieu m'a très clairement dit : *« Maintenant, je vais me servir de toi »*. Cela dit, chacun a des dons, des qualités et une sensibilité, c'est-à-dire que certains sont parfaitement à l'aise pour aller évangéliser dans la rue, aborder des passants, et d'autres sont profondément timides et gênés. Certains sont nés pour chanter à l'église en tant que choriste alors que d'autres sont plutôt manuels. Un tel est déjà qualifié pour enseigner à l'école du dimanche alors que l'autre est bien plus à l'aise pour s'occuper de la sonorisation de l'église.

Tout cela pour dire que, **si vous voulez servir, vous pouvez le faire**. Il y a bien des manières de servir sans pour autant se mettre en difficulté. Tous les services ne sont pas en lumière, au-devant de la scène, tous les services ne consistent pas à aborder des gens dans la rue ou bien à s'occuper des enfants.

Cela dit, il se peut que Dieu vous appelle à un service bien précis, celui justement pour lequel vous ne vous sentez pas à votre place, ni compétent, ni à l'aise. Un conseil : allez-y, Dieu va vous qualifier et vous faire grandir dans ce service.

Finalement, comment servir, être utile sans recevoir d'appel ? Que puis-je faire pour Dieu ? La liste serait bien trop longue et je manquerais très certainement d'imagination, mais voici quelques idées. Tous ces exemples-là ne demandent pas forcément d'appel pour que vous puissiez vous y engager.

<u>Dans l'église :</u>

- La garderie
- Le ménage
- La sonorisation
- L'équipe de musiciens
- Chantre
- Moniteur d'école du dimanche
- Agent d'accueil
- Agent de sécurité
- Orateur
- La table de publications de l'église
- La friperie
- Responsable d'ados et de jeunesse
- Membre du conseil d'administration
- L'entretien de l'église

Une multitude d'occasions de servir

- Achat de matériel pour l'église ou l'école du dimanche
- L'organisation des repas pour les aînés
- Le partage dans les agapes fraternelles
- Donner son témoignage

J'ai même vu un groupe de jeunes d'une église créer un film d'évangélisation de A à Z, et Dieu a vraiment béni.

En dehors de l'église :

Vous pouvez également servir « autour » de l'église.

- Distribuer des évangiles – dans le bus – dans le métro – aux passants
- Distribuer des flyers qui invitent à venir à l'église ou à une réunion d'évangélisation
- Prendre des nouvelles des malades et des aînés de l'église
- Proposer son aide aux personnes en difficulté de son église
- Équipe d'évangélisation
- Tenir un stand biblique
- Faire des colis alimentaires
- Préparer/encadrer une sortie d'église
- Préparer/encadrer une sortie de jeunes
- Tenir une chaîne de prière avec les besoins de l'église
- Offrir des calendriers bibliques (un message chaque jour)

- Réaliser un album de chants d'évangélisation ou de louange
- Organiser des réunions de prière de quartier
- Organiser des réunions d'évangélisation de quartier
- Visiter les malades
- Emmener à l'église des personnes âgées qui n'ont pas de transport
- Aumônier

<u>Autres services :</u>

- Être moniteur dans une colonie de vacances ou un camp scout
- Être dans l'administration, l'intendance, l'entretien des locaux, le ménage, la restauration, la plonge, la lingerie d'une colonie
- Passer des diplômes pour l'encadrement des jeunes (BAFA[7] – BAFD[8] – SB[9] …)
- Participer à une aide humanitaire
- Aider dans les transports pour les jeunes
- Faire des dons financiers ou matériels (les besoins sont assez vastes)
- Faire une liste de sujets de prières pour les besoins de l'église
- Aider une famille à s'installer – à déménager
- Donner son témoignage dans une station de radio chrétienne

---

[7] Brevet d'Aptitude aux Fonctions d'Animateur.
[8] Brevet d'Aptitude aux Fonctions de Directeur.
[9] Surveillant de Baignade.

- Prêter des livres chrétiens
- Envoyer des versets à ses proches ou simplement faire suivre des versets
- Parrainer un enfant
- Organiser des repas pour les SDF (repas + évangélisation)

La liste n'est pas exhaustive. Vous avez certainement d'autres idées que je n'ai pas mentionnées mais ce qu'il faut retenir, c'est : « où y a-t-il un besoin ? » Est-ce que je suis qualifié et/ou disponible pour le faire ? Si je ne suis pas qualifié, comment puis-je le devenir ?

Chapitre 6 :

Exemples de services peu répandus

Comme vous avez pu le constater, certains services ne nécessitent rien d'autre que de la bonne volonté et de la disponibilité. Distribuer dans les boites aux lettres des évangiles ou des flyers, prier pour ses frères et sœurs, prêter des livres bibliques à son entourage, prendre des nouvelles des aînés de l'église et être disponible pour eux, aider à des déménagements, envoyer des versets, et j'en passe, ne demande pas énormément de compétences mais un simple désir de servir. Il s'agit parfois de besoin à court terme, et très ponctuel. Combien de fois j'ai entendu de la part de mon pasteur :

- *« Un couple de l'église va déménager et personne ne peut les aider, êtes-vous disponible ce samedi ? »*
- *« Ne partez pas à la fin de la réunion mais aidez-nous à enlever les chaises pour telle activité. »*
- *« Nous avons besoin de parents qui puissent prendre les jeunes en voiture pour les emmener à la réunion. »*
- *« Nous comptons sur chacun d'entre vous pour préparer un goûter, un repas ou autre à partager ensemble. »*
- *« Ce samedi, nous allons faire des travaux, nous avons besoin de vous. »*

- « *Nous avons besoin d'une personne pour ouvrir exceptionnellement l'église à 5h du matin.* »
- « *Nous avons besoin de loger plusieurs frères de passage pendant deux nuits, qui a de la place ?* »

Toutes ces phrases sont de vraies demandes que j'ai déjà entendues et aucune de toutes ces requêtes ne demande de qualification particulière, si ce n'est de la bonne volonté (esprit de service), et de la disponibilité. Je reste persuadé que celui qui veut servir, trouvera d'une manière ou d'une autre l'occasion d'être utile.

Il y a quelques semaines, je parlais de ce sujet-là avec un ami pasteur et il me disait en plaisantant : « *Dieu m'a appelé au ministère, du coup je prêche la parole, mais il ne m'a jamais appelé à faire la vaisselle ni même à passer le balai, du coup je laisse ça aux autres !* » C'est en effet une blague, vous comprenez bien le sens de ce que je veux dire. J'aime me dire que Dieu nous appelle lorsqu'il sait que naturellement nous n'aurions jamais servi dans ce domaine-ci. Pour le reste, il s'agit essentiellement d'aimer Dieu et d'avoir à cœur le service et d'être disponible.

Pour reprendre l'exemple de mon ami, pensez-vous avoir besoin d'un appel pour faire le ménage à l'église ? Pour aider à repeindre les murs ? Pour aider à la garderie ? Pensez-vous que vous devez attendre que le Seigneur vous appelle pour aller aider un frère de l'église qui déménage ? Distribuer des flyers d'évangélisation ? Je me souviens qu'une sœur de l'église venait chaque semaine pour arroser les fleurs, sur l'estrade. D'une certaine manière, elle prenait soin de son église. A-t-elle attendu de recevoir un appel pour faire cela ?

J'ai la chance d'avoir un frère en Christ qui a un réel don pour encourager. Quel que soit votre problème, il va vous écouter et vous encourager, vous ne repartirez peut-être pas avec la réponse à votre problème mais vous repartirez encouragé. D'ailleurs, même lorsque je lui parle sans lui avoir exposé de problème, j'en ressors quand même encouragé. Chez ce frère particulièrement, c'est vraiment un don, mais pour vous et moi, qu'est-ce qui empêche d'être un frère, une sœur à l'écoute, disponible et encourageant pour les autres ? Faut-il un appel particulier pour cela ?

Dans le groupe scout où j'étais, nous savions que nous pouvions compter sur un père de famille qui se rendait toujours disponible pour nous aider dans le transport des jeunes et/ou du matériel. Cela peut sembler peu de chose mais son service a grandement contribué au bon fonctionnement de notre service à nous, à l'encadrement des jeunes. Son service et le nôtre se complétaient parfaitement pour une action efficace. Lui ne pouvait pas faire ou n'était pas disponible pour faire ce que nous faisions et l'inverse était également vrai.

Je discutais du service avec un ami et lui demandais : *« Maintenant que tu as deux enfants, comment t'es-tu organisé avec ta femme pour rester autant actif dans tes différents engagements ? Auparavant, vous étiez tous deux à servir et j'imagine qu'aujourd'hui cela doit bien être différent, comment fais-tu ? »* Il m'a avoué que c'était une question d'équilibre de couple. Dans un premier temps, il fallait s'occuper des nouvelles priorités car celles-ci avaient changé. Il fallait s'occuper des deux enfants et par la suite réfléchir à poursuivre ou réduire leur implication dans leurs engagements respectifs. Finalement, il a terminé par me dire que pour sa femme, sa manière de servir était tout simplement de le laisser lui, continuer dans son service pendant qu'elle s'occuperait des enfants. Cela lui permettait de poursuivre avec la même constance son service et de manière équilibrée puisque la décision était prise en couple. En fin de compte, c'est vrai, les deux servent à hauteur de ce qu'ils peuvent investir. Pour cette épouse, permettre à son mari de continuer à servir est un service !

J'aimerais vous faire part de deux expériences personnelles pour illustrer mes propos qui, peut-être, vous encourageront à trouver une occasion de vous mettre au service.

La Roumanie

En 2014, j'ai participé à une aide humanitaire en Roumanie. Nous avions plusieurs « missions » dont l'une d'elles était d'être présent et d'aider dans un village de Roms. La première chose que l'on nous a demandé était d'être proche de la population, travailler le relationnel, s'intéresser à leur culture, à leurs occupations, à leur famille etc... Cela a duré plusieurs jours, et je ne me sentais pas à ma place. Je me sentais totalement inutile et je le disais à Dieu. Je ne parlais absolument pas la langue (quoi que nous ayons appris quelques mots de base), ni même l'anglais. La différence de culture et d'hygiène mettait une distance visible même si nous ne voulions pas le montrer. Chaque soir, avec l'équipe que nous formions, nous faisions un bilan de la journée. J'écoutais ce que chacun exprimait et il fallait croire que j'étais vraiment le seul qui ne trouvait pas sa place. Au bout de cinq jours, je priais vraiment Dieu en ce sens : « *Seigneur, je suis venu pour te servir mais je suis complètement inutile, toutes les qualités que j'ai ne sont pas nécessaires et toutes celles qu'il me faudrait pour être utile, je ne les ai pas. Montre-moi ce que tu veux que je fasse ou que j'apprenne ici* ». Le lendemain même, le missionnaire que nous aidions sur place nous demanda une aide supplémentaire, quelqu'un qui puisse se détacher et les aider en tant que manœuvre pour la construction d'une maison et d'une église. Tout le monde se regardait pour savoir qui d'entre nous irait l'aider. Personne n'avait de compétence dans ce domaine-là, alors que les miennes étaient essentiellement dans le bâtiment. Quelle joie pour moi de me sentir enfin utile ! Je me souviens qu'il pleuvait ce jour-là mais je servais avec le sourire, car Dieu avait entendu ma prière. Il m'avait enfin donné l'occasion de lui être utile.

Les évangiles

Cinq années après la Roumanie, j'avais l'habitude de partir chaque été en camp scout et d'une manière ou d'une autre, je me rendais disponible pour servir. Je priais même (et je prie toujours avant chaque camp) en ce sens : *« Seigneur, si je ne vais pas t'être utile là-bas, ne m'y envoie pas, je veux t'être utile ».* Cette année-là, ma femme étant enceinte et proche de son terme. Je ne me suis pas rendu dans ce camp scout. Je pensais : *« Mince, chaque année, je sais que je te suis utile là-bas, mais cette année, je ne peux pas m'y rendre. Comment vais-je faire pour te servir en restant dans un périmètre restreint ? ».* C'était vraiment une frustration, je voulais vraiment servir Dieu. Un jour, alors que j'étais à mon église, j'ai remarqué plusieurs cartons encore emballés et poussiéreux. Je les ai regardés et un seul était ouvert, certainement pour voir ce qu'il y avait à l'intérieur. En observant, j'ai vu qu'il s'agissait de plusieurs milliers d'exemplaires de l'Évangile de Luc. Me dirigeant vers mon pasteur pour lui demander à quoi servaient ces évangiles, il me répondit que cela faisait bien une année ou deux qu'ils étaient ici, mais que personne n'était disponible pour les déposer dans les boites aux lettres. Vous l'aurez compris, une lumière s'est allumée en moi, je venais de trouver mon service parfait ! Travailler dans l'ombre, au rythme que je voulais, sans trop m'éloigner de chez moi. Je ne mentionnerai pas la quantité que j'ai déposée mais il s'agissait bien là d'un « service », puis j'ai remercié Dieu de m'avoir ouvert une occasion de le servir.

Cette situation m'a servi d'exemple et j'ai pris goût à ce service. Je me suis mis par la suite à distribuer dans les boites aux lettres, et ailleurs, des feuillets bibliques de calendrier chrétien, me rappelant qu'aucun service n'est trop petit pour le Seigneur.

Plusieurs années après, lors de mon arrivée dans ma nouvelle église, après avoir été présenté au pasteur, ma première demande a été de dire : *« Mr (le pasteur) j'aimerais servir, où y a-t-il des besoins ? Puis-je m'y mettre ? »*. Tout cela sans dire (sauf si on me le demandait) dans quels services j'avais déjà été engagé, ni même mes compétences, pour ne pas me mettre en avant.

Généralement, le pasteur nous révèle que certains services ne sont pas pourvus ou n'ont pas encore été bien définis. Parfois, si personne n'a jamais servi dans telle ou telle tâche, c'est qu'il s'agit de quelque chose « d'ingrat ». L'engagement dépendra généralement de notre disponibilité et de notre état d'esprit.

Pour ma part, à chaque fois que j'ai servi dans les petites choses, les « tâches ingrates », le pasteur me demandait par la suite de m'investir dans des domaines avec plus d'implications.

« Celui qui est fidèle dans les moindres choses l'est aussi dans les grandes, et celui qui est injuste dans les moindres choses l'est aussi dans les grandes » (Luc 16 v. 10).

Chapitre 7 :

Remarquable mais non remarqué

Il y a encore une qualité que, volontairement, je n'ai pas évoquée précédemment ; il s'agit du serviteur « remarquable ». Nous connaissons tous des personnages célèbres par leurs actions remarquables. Ce qu'ils ont fait, été ou créé perdure et sert d'exemple, d'inspiration. Nous avons tous déjà entendu certains noms tels que : Neil Armstrong - Mozart - Léonard de Vinci – Louis Pasteur – Albert Einstein et tant d'autres. Parfois même, il s'agira d'inconnus à l'origine de sites comme les mégalithes de Stonehenge, les statues de pierre sur l'île de Pâques et certaines pyramides dont nous ne connaissons pas les créateurs mais cela a tout de même marqué l'histoire.

A l'inverse, nous connaissons tous également des personnes qui se font remarquer, qui font du bruit, qui déplacent des foules pour un temps, puis une fois la célébrité terminée, sont vite oubliées. Dans notre génération par exemple, beaucoup de youtubeurs ou d'influenceurs se font remarquer mais ce qu'ils font est parfois bien loin d'être remarquable. J'aimerais vous dire que votre service, votre œuvre pour le Seigneur « est remarquable » à partir du moment où il est agréé de Dieu, mais il ne sera pas forcément remarqué. Rappelez-vous tous les noms cités dans la partie *« Les serviteurs de l'ombre ayant eu un grand impact »*, que ce soit Yokebed ou bien les autres, ils ont tous été remarquables mais non remarqués et c'est ce qui importe. Leurs œuvres pour Dieu sont parvenues jusqu'à nous, mais nous pouvons dire qu'ils n'ont pas beaucoup été remarqués, (preuve en est, nous n'avons quasiment aucune information sur eux à la différence de l'impact qu'ont eu leurs œuvres).

Dans Actes 10, Dieu avait montré que le salut était aussi pour les païens et pas seulement pour les Juifs mais dans Actes 11 verset 19 nous lisons qu'ils ont continué à annoncer le salut uniquement aux Juifs, comme les disciples avaient toujours fait jusqu'alors. Le verset 20, en revanche, dit que *quelques-uns* ont prêché aux Grecs et sans s'en rendre compte, ces gens-là dont on ne connaît pas les noms, ont changé le monde. Ces *quelques-uns* d'Actes 11 verset 20 ont donc compris ce que Dieu voulait dire par *« faites de toutes les nations des disciples... »* et ils l'ont fait. Ils ont osé se distinguer de tous ceux qui « faisaient comme on a toujours fait ». Leur impact dans l'œuvre de Christ a traversé les siècles, pourtant, ce sont des inconnus. Ils ont tout changé, en obéissant aux instructions explicites de Christ (alors que la plupart ne le faisait pas), mais ils ne sont pas devenus célèbres, remarqués pour autant.

Remarquable mais non remarqué

Tous les services ne sont pas appelés à être fait en lumière, certains le seront mais pas tous. Nous ne sommes pas tous appelés à être **remarqués** mais nous sommes tous appelés à être **remarquables**.

Chapitre 8 :

Servir là où il y a un besoin et non où j'ai envie

En introduction, je parlais de cet homme de Dieu qui disait à propos du service, *« Le service, c'est d'aller là où il y a un besoin et agir »*. Par la suite, il a rajouté : *« Il y a des choses que je ne comprends pas, notamment dans le service à l'église ; tu cherches à être utile à l'église, tu vois qu'il manque un pianiste mais parce que tu n'as pas de compétences dans ce domaine-là, alors tu choisis de faire guitariste. Mais il y a déjà sept guitaristes ! Pourquoi choisis-tu d'être guitariste alors que ce n'est pas utile ? Il y a besoin d'un pianiste ! »*

Pire encore, nous ne nous en rendons pas toujours compte mais au lieu de boucher le trou qu'il y a sur la route (le besoin) nous faisons « un dos d'âne » juste derrière ! Résultat, un trou avec un dos d'âne juste derrière va forcément créer davantage de risques, voire un accident, la route étant encore moins praticable. Dans l'église, cela empêche également un bon fonctionnement. Si dans l'église il y a des besoins à la garderie et que personne n'est disponible, sachez que vous serez largement plus utile à la garderie qu'à la louange, même si vous êtes un(e) chanteur(se) hors pair. Si les besoins sont au ménage et que l'église est dans un état d'insalubrité (j'exagère volontairement) parce qu'elle n'a pas été nettoyée depuis plusieurs mois, posséder des dons, même celui de prophétie, c'est merveilleux, mais le besoin est au ménage.

Ces propos illustrent une réalité : malheureusement, nous voulons servir, oui, mais pas à n'importe quel prix et pas n'importe où. *« Seigneur, je suis prêt à te servir mais tu comprends je ne veux pas que ça me coûte trop (en temps, argent, énergie, investissement etc…) »*. *« Seigneur, je n'ai pas de compétence dans les besoins demandés, alors je vais te servir ailleurs (là-même où il n'y a pas de besoin…) »*

N'oublions pas que nous nous complétons les uns les autres, nos services forment un tout pour l'œuvre de Dieu, et chaque service y contribue.

« Et il a donné les uns comme apôtres, les autres comme prophètes, les autres comme évangélistes, les autres comme pasteurs et docteurs, pour le perfectionnement des saints en vue de l'œuvre du ministère et de l'édification du corps de Christ […] » (Éphésiens 4 v. 11-12).

Chapitre 9 :

Un engagement qui se communique

Savez-vous que cette envie de servir peut se communiquer ? De la même manière que vous pouvez impacter votre entourage par votre manière de vivre, de réfléchir et de vous positionner face à des choix, vous pouvez aussi lui communiquer votre passion du service et cela même lorsque qu'il s'agit d'une œuvre dans l'ombre.

Il y a bien des années, avant d'avoir donné ma vie au Seigneur, lorsque j'étais en colonie de vacances chrétienne, il m'arrivait parfois d'être assez dissipé au point que l'on m'envoyait faire la plonge en cuisine. Étant donné que les premières fois n'étaient pas suffisantes pour que je comprenne la leçon, j'ai fini par y retourner régulièrement. A chaque fois que j'y étais, je me trouvais étonné de les voir faire la plonge avec autant d'enthousiasme et je ne comprenais pas pourquoi. Il faisait très chaud dehors mais encore plus dedans, on transpirait, on avait les mains qui brûlaient avec l'eau bouillante, il y avait un rythme soutenu à tenir, et en plus c'était à des heures où normalement on aurait dû avoir fini la journée depuis bien longtemps. A chaque fois que j'étais avec ce personnel, j'étais toujours dans le même étonnement, me disant : *« Mais qu'est-ce qu'ils font là, sérieusement qui a envie de faire ça ? Moi je suis puni, mais eux, comment en sont-ils arrivés là ? »*

J'ai fini par trouver une réponse tout à fait rationnelle : *« Ils doivent tout simplement être super bien payés ! »*. Pour moi qui avais 12 ans, la seule raison imaginable qui justifiait tant d'inconfort, c'était une bonne paye. En y réfléchissant, j'estimais à combien je serai prêt à être rémunéré pour faire cela et je me disais qu'au minimum deux milles euros serait correct. Vous l'aurez bien compris, je n'avais aucune notion d'argent à cette époque. Le lendemain, lorsque j'avais les mains dans l'eau bouillante, je me disais que la somme de trois mille euros serait plus juste en réalité. Un jour, je me suis lancé et je leur ai demandé quel était leur salaire et c'est alors qu'ils se sont mis à rire. Je ne voyais pas ce qui était amusant dans ma question. Je me disais que certainement ce genre de question était tabou. C'est à ce moment-là que, se tournant vers moi, ils m'ont dit qu'ils n'étaient pas payés, qu'ils étaient bénévoles et que tout était fait pour le Seigneur. Je suis resté silencieux les minutes qui ont suivi ne comprenant pas le sens de leurs réponses. Comment pouvaient-ils travailler pour rien, dans ces conditions-là avec autant d'entrain et de bonne volonté ? Ils étaient bien loin de mes trois milles euros…

En fin de compte, l'image que j'avais de ma « punition » et de leur service avait changé ; **« C'est**

pour le Seigneur » ! Quand je leur ai demandé s'ils aimaient ce qu'ils faisaient, certains m'ont répondu *« oui »*, d'autres m'ont dit : *« pas particulièrement »* et d'autres m'ont dit clairement *« non »*. Mais tous m'ont dit qu'ils étaient heureux de servir là car il y avait un besoin et que ce qu'ils faisaient n'était pas particulièrement valorisant mais qu'ils contribuaient au bon fonctionnement général. Étonnamment, ils m'avaient transmis cet amour du service, peu importe le contenu de ce service en lui-même. J'ai fini par leur dire que je reviendrai une fois de ma propre initiative pour les aider. Cette envie se communique, lorsque vous servez avec joie, cela se transmet à ceux qui vous entourent même lorsque vous pensez ne pas être vu. Cet exemple est concret, personne ne les voyait, il fallait être puni comme moi pour être à leur contact. Ce fut pédagogique et très instructif pour moi.

En écrivant cette partie du livre, je me suis demandé d'où m'était venu cette envie de servir le Seigneur ? Je me suis rendu compte que c'était toutes ces personnes-là qui avaient contribué à me donner envie de servir. Lorsque nous voyons un serviteur qui a toutes les qualités précédemment citées, ce serviteur nous inspire forcément ; nous nous demandons : *« Mais comment fait-il, malgré la charge qui lui incombe, les critiques et les situations décourageantes, pour continuer ? »*

Certains serviteurs sont tellement impliqués dans leur service qu'ils nous « poussent » (dans le bon sens du terme) malgré nous à nous engager avec eux. Ils se sont tellement surinvestis qu'ils nous donnent cette envie de de nous investir auprès d'eux.

Quand j'y réfléchis, je fais le constat qu'une grande partie de mes savoir-faire et la plupart des valeurs que j'ai acquises, l'ont été grâce à des bénévoles qui œuvraient dans leurs différents engagements, et au travers de leur manière de vivre. Que ce soit dans l'église, dans des camps scouts, en colonie, ils m'encourageaient sans même le savoir, ils avaient quelque chose de plus que moi, ils avaient compris quelque chose que moi je n'avais pas encore saisi, cette passion de servir sans rien attendre en retour, finalement comme Jésus.

Avoir une vie de prière, par exemple, comment est-ce que cela pourrait encourager les autres à faire de même ? Ce n'est pas quelque chose que l'on crie « sur les toits ». C'est une consécration, une discipline et aussi un service dans l'ombre. Une vie de prière ne se vit pas uniquement à l'église, ce n'est pas simplement en venant aux réunions de prière que l'on a une vie de prière. Non, cela se fait seul à seul avec Dieu, dans un endroit calme, à l'ombre de la foule, parfois pendant plusieurs heures, quotidiennement, ce n'est pas quelque chose que l'on met en avant, que l'on dit mais par contre, c'est quelque chose qui se ressent. Un jour, je parlais avec une chrétienne ancienne, de l'église qui semblait être une femme de prière. Je le ressentais, je ne saurais l'expliquer, c'était peut-être le contraste entre le fait qu'elle soit toujours paisible et la vie rude qu'elle menait. Cette « sœur », alors que je la questionne sur le sujet, me dit : *« Dans une journée, il y a 24h, tu as donc 8h pour dormir, 8h pour travailler et 8h pour toi, que fais-tu de tes 8h ? ».* Je suis resté un moment à réfléchir, me disant qu'elle avait certainement dû se tromper dans ses calculs et pourtant non, j'ai bien 8h pour moi. Cette question ouverte m'a vraiment interpelé. Qu'est-ce que je fais des 8h par jour que Dieu m'a données ? Certes, il en reste moins si je travaille davantage ou si je compte le temps des trajets etc… mais quand même, cela m'a fait réfléchir surtout lorsque j'ai calculé que sur mes 8h, je passais beaucoup de temps devant les écrans. Cette sœur m'a encouragé. A la suite de notre discussion, j'ai vraiment cherché à imiter sa manière de faire et à avoir une meilleure vie de prière. Une vie de prière est pour moi une manière aussi de servir dans son église, prier pour les projets de l'église, prier pour différents sujets, les différents serviteurs et leur service, pour la vie d'église, pour les réunions, et encore bien d'autres domaines.

Dans ces deux exemples, les personnes n'avaient pas un service en lumière mais plutôt caché et pourtant cela s'est communiqué et s'est révélé être très édifiant. Je pourrais donner encore bien d'autres exemples. Sans vous en rendre compte peut-être, Dieu se sert de vous également pour inspirer votre entourage à se mettre à servir.

Chapitre 10 :

Servir dans l'unité avec un but commun

« Car, comme nous avons plusieurs membres dans un seul corps, et que tous les membres n'ont pas la même fonction, ainsi, nous qui sommes plusieurs, nous formons un seul corps en Christ, et nous sommes tous membres les uns des autres. Puisque nous avons des dons différents, selon la grâce qui nous a été accordée, que celui qui a le don de prophétie l'exerce selon l'analogie de la foi ; que celui qui est appelé au ministère s'attache à son ministère ; que celui qui enseigne s'attache à son enseignement, et celui qui exhorte à l'exhortation. Que celui qui donne le fasse avec libéralité ; que celui qui préside le fasse avec zèle ; que celui qui pratique la miséricorde le fasse avec joie » (Romains 12 v. 4 -8).

Nous servons tous dans un but commun. Quel que soit le domaine dans lequel vous êtes investi, nous avons tous le même but, celui de faire connaître l'œuvre de Christ. Nos différents services se complètent les uns les autres pour former un tout. S'il n'y avait que des pasteurs dans l'église, faisant seulement fonction de prédicateur, s'il n'y avait que des chantres ou que des musiciens, des gens qui s'occupent uniquement des enfants, ou des locaux, ou de la sonorisation ? L'église ne pourrait pas fonctionner correctement.

Hors église, s'il n'y avait que des chrétiens qui évangélisent dans la rue mais qu'il n'y ait pas de groupe de prière pour accompagner cela, il manquerait quelque chose, cela ne pourrait pas contribuer correctement à l'édification de l'Eglise, comme le verset ci-dessous nous le rappelle. C'est la complémentarité qu'a voulu le Seigneur.

« J'ai planté, Apollos a arrosé, mais Dieu a fait croître, en sorte que ce n'est pas celui qui plante qui est quelque chose, ni celui qui arrose, mais Dieu qui fait croître. Celui qui plante et celui qui arrose sont égaux, et chacun recevra sa propre récompense selon son propre travail » (1 Corinthiens 3 v. 6 à 8).

Il est parfois triste de constater de la « rivalité » dans nos églises.

- *« Mon service est plus important que le sien »*

- *« Moi, tout le monde voit que je sers mais toi que fais-tu ? »*

- *« Je fais bien plus que toi dans l'église »*

- *« Les frères et sœurs viennent me voir à la fin du culte pour me dire que c'était super et toi viennent-ils te voir ? »*

Toutes ces paroles sont dures et bien loin d'être dans l'esprit de l'Evangile et pourtant ce sont des pensées ou des réflexions que l'on entend parfois. Mais où sont passés l'humilité, l'amour et l'équilibre ? Si ces qualités demeurent en vous, vous n'aurez jamais cette manière de penser. Rappelons-nous que l'orgueil n'a pas de camp, il est simplement là pour détruire quiconque l'utilise. Sachez que Dieu rejette l'orgueil. Si l'orgueil vous anime, alors vous ne servez plus Dieu mais l'ennemi, même si vous vous cachez derrière une action visiblement bonne.

« Ne cherchons pas une vaine gloire, en nous provoquant les uns les autres, en nous portant envie les uns aux autres » (Galates 5 v. 26).

Chapitre 11 :

Un service de chaque jour

« Nous faisons donc les fonctions d'ambassadeurs pour Christ, comme si Dieu exhortait par nous ; nous vous en supplions au nom de Christ : Soyez réconciliés avec Dieu ! » (2 Corinthiens 5 v. 20).

Que nous soyons engagés dans un service ou non, n'oublions pas qu'en tant que chrétiens, disciples de Jésus, nous sommes des serviteurs de Dieu dans notre quotidien. Cela reprend l'idée qu'il n'y a pas de « petit service ». Comme le dit ce verset, nous sommes des « ambassadeurs » de Christ sur terre et la mission qui nous a été donnée par Jésus lui-même, c'est d'apporter la Bonne Nouvelle de Christ autour de nous. En premier lieu, soyons des exemples et des témoignages dans notre cercle familial puis dans notre voisinage, sur notre lieu de travail et, au sens plus large, après de tous ceux avec qui nous interagissons. Pour cela, les qualités du serviteur, précédemment citées, sont à rechercher et sont un but à atteindre. Les premiers que nous voulons sauver sont les nôtres, nos proches, et Dieu nous envoie comme ambassadeurs en premier lieu dans nos familles, là où généralement c'est le plus difficile.

Chaque jour, saisissons cette occasion qui nous est donnée d'être à l'image de Jésus par notre comportement, nos réponses et réactions, nos paroles et nos regards. Comme le disait l'apôtre Paul : *« Soyez mes imitateurs, comme je le suis moi-même de Christ »* (1 Corinthiens 11 v. 1), il encourageait son entourage, ceux qui l'écoutaient, qui l'observaient, à l'imiter, sachant que lui-même tentait de son mieux d'imiter le maître. L'esprit de service, l'humilité, l'amour, notre proximité avec Dieu, notre constance et notre équilibre, sont des qualités que nous cherchons à acquérir, mais aussi à transmettre aux autres. Ces qualités-là, même les non-croyants cherchent à les obtenir. S'ils ne cherchent pas à vous imiter par rapport à Dieu qui vit en vous, ils chercheront quand même, dans un premier temps, à vous imiter pour les posséder. Prenez l'exemple d'un entretien d'embauche, si vous mettez en avant que vous êtes constant (régulier), une personne humble, équilibrée et bienveillante, qui plus est, obéissante envers la hiérarchie, ce sont des qualités humaines très recherchées, vous aurez, dans un premier temps, un impact avec ces qualités-ci puis dans un second temps, ils seront intéressés pour chercher à connaître ce Dieu merveilleux qui vous permet d'être des lumières.

« Vous êtes le sel de la terre [...] Vous êtes la lumière du monde » (Matthieu 5 v. 13 et 14).

Chapitre 12 :
Grandir dans son service

Vous le vivez peut-être ou l'avez déjà vécu, votre service vous pousse parfois à sortir de votre zone de confort. Jusqu'à quel point êtes-vous prêt à servir ? Le bénévolat, comme son nom l'indique ne rapporte rien à première vue, en tout cas de manière financière, *« Je vais passer du temps, beaucoup de temps, trop de temps et gratuitement en plus »*. Pourtant lorsque je lis la vie de Jésus et ses œuvres et même celles des disciples, je ne vois jamais de paiement derrière une bonne action, je n'ai jamais lu que Jésus ai fait payer une certaine somme d'argent après avoir fait un miracle. Pourtant, il l'aurait mérité. S'il y avait une personne qui méritait absolument tout, c'est bien Jésus.

Grandir dans son service est souvent (pas toujours) synonyme d'épreuve. N'importe quel sportif de haut niveau vous dira que c'est dans l'adversité que l'on se dépasse. On grandit lorsque l'on comprend davantage de choses, lorsque l'on développe certaines compétences, nous évoluons grâce à l'expérience et l'expérience s'acquiert souvent en traversant des difficultés, des épreuves. Prenons l'exemple d'un étudiant qui passe son Baccalauréat ou n'importe quel autre diplôme, il va devoir réussir « ses épreuves » s'il veut valider son année. De la même manière pour un serviteur, il va grandir en sortant de sa zone de confort en allant vers l'inconnu.

Les disciples de Jésus ont beaucoup appris lorsqu'ils ont été confrontés à l'épreuve, lors de la tempête (Marc 4 v. 38), lors de la multiplication des pains (Luc 9 v. 13), lorsqu'ils n'arrivaient pas à chasser les démons (Matthieu 17 v. 16-17) et en bien d'autres occasions. Pourtant ils étaient les « stagiaires » de Jésus, ils avaient un lien tout à fait particulier que nul autre ne pouvait partager. Jésus, en plus des « leçons » qu'il leur enseignait, a choisi de les laisser traverser des épreuves pour qu'ils comprennent et s'appuient davantage sur Lui.

Peut-être, pensons-nous que la seule raison pour laquelle nous servons, c'est apporter quelque chose. En réalité, Dieu nous a voulu là pour nous enseigner, pour nous faire progresser. Lorsque nous servons fidèlement dans les « petites choses », comme dit la Bible, Dieu nous prépare déjà à un prochain service qui implique davantage de compétences et de responsabilités. Pour ma propre vie, si Dieu m'avait dit qu'un jour je ferais certaines actions ou que je serais à l'origine de certains projets pour lui, je n'y aurais jamais cru. Honnêtement, je pense que j'aurais refusé. Je ne m'en serais pas senti capable et c'était bien le cas, je n'en étais pas du tout capable. Au lieu de cela, de service en service, Dieu m'a enseigné beaucoup de compétences comme la discipline, l'écoute, la patience, le plaisir à travailler dans l'ombre … **Dieu m'a enseigné très souvent au travers des difficultés, au sein même de l'épreuve !** Sans difficulté, sans objectif, sans sortir de sa zone de confort, on ne progresse pas.

Quand tout va bien, il nous est aisé de dire : *« Dieu est là et Dieu est bon »* et c'est le cas. Lorsque l'on passe par une épreuve, des difficultés, le silence de Dieu, il est bon de se rappeler qu'il est aussi là et qu'il est bon !

Comme je l'ai mentionné plus haut, un service se déroule généralement sur le long terme. Il est semblable à un marathon plutôt qu'un sprint, un peu comme notre marche chrétienne finalement. L'humilité, l'amour, ma relation avec Dieu, la constance et l'équilibre sont de rigueur si nous voulons servir efficacement et d'une manière qui glorifie Dieu. Malheureusement, il arrive fréquemment que des difficultés, des épreuves émergent lors de notre service, et cela surgit parfois même du milieu de nos rangs. Une incompréhension, de l'orgueil, un malentendu, un refus, une injustice, un doute, tout cela suffit pour que tout s'enraye et vienne affecter notre engagement, même lorsqu'on a reçu très clairement un appel. Je ne cache pas avoir déjà pensé et dit : *« C'est parfois bien plus facile et moins « prise de tête » de servir dans le monde plutôt que dans l'église... »*. L'avez-vous déjà pensé ou dit, vous aussi ?

C'est un constat que beaucoup de monde fait, mais pour autant, il ne faut pas se relâcher et se laisser décourager, car après tout, c'est bien normal, le diable attaque lorsqu'il a peur et il a bien de quoi trembler quand nous servons Dieu ! Le Seigneur est celui qui nous qualifie, qui nous enseigne, qui nous fait progresser. Au sein même de notre service, nous grandissons, nous mûrissons, le Seigneur nous permet d'approfondir notre relation avec lui.

L'été arrive et par exemple, il y a souvent des besoins dans les centres de vacances chrétiens, les camps scouts et autres accueils collectifs de mineurs. Je me souviens que je disais à mon frère juste avant les grandes vacances *« Alors, qu'est-ce que tu vas faire pour Dieu cet été ? »*. J'essayais de l'enrôler avec moi dans le scoutisme. Cette question parait étonnante certes, mais quelle serait votre réponse ? Dieu vous donne deux mois d'été, ou bien un mois, et même s'il ne s'agit que de deux semaines, qu'allez-vous faire pour lui ?

C'était une question qui personnellement me travaillait. Alors que j'étais dans la chambre de mon frère lorsque je lui posais cette question, je vis qu'il avait une grande pile de feuillets bibliques issus d'un calendrier chrétien. Le regardant, je lui dis sous forme de plaisanterie : *« Alors, c'est pas encore posé dans les boites aux lettres ça ? »*. Finalement, c'est moi qui les ai récupérés pour les distribuer durant l'été.

J'en profite pour vous poser la question à vous aussi, chers lecteurs : qu'allez-vous faire de vos vacances, comment allez-vous servir notre Seigneur ? Si vous ne savez pas, j'en profite pour vous soumettre quelques idées. Avant les grandes vacances, on entend souvent : *« Pour pouvoir bien fonctionner, nous avons besoins de BAFA – BAFD – SB ... »*. Ou bien *« Nous avons des besoins en personnel à la plonge, la lingerie, et à l'entretien des locaux »* Oui, cela va vous coûter en temps, en argent, en énergie et peut-être plus encore mais souhaitez-vous servir, là où il y a un réel besoin ?

« Mes frères, regardez comme un sujet de joie complète les diverses épreuves auxquelles vous pouvez être exposés, sachant que l'épreuve de votre foi produit la patience. Mais il faut que la patience accomplisse parfaitement son œuvre, afin que vous soyez parfaits et accomplis, sans faillir en rien » (Jacques 1 v. 2-4).

Chapitre 13 :

Le serviteur face à la critique

« Qu'il ne sorte de votre bouche aucune parole mauvaise, mais, s'il y a lieu, quelque bonne parole, qui serve à l'édification et communique une grâce à ceux qui l'entendent » (Éphésiens 4 v. 29).

Ce chapitre est en lien direct avec le précèdent mais il m'a paru important d'y dédier un chapitre à part entière. Je ne vous apprends rien, les gens sont bien plus enclins à vous critiquer qu'à vous encourager. La critique est de loin ce qui impacte le plus un serviteur. Si l'on devait faire un sondage des raisons pour lesquelles un serviteur est blessé, découragé, déçu, voire même abandonne en cours de route, cette raison-là ressortirait majoritairement. Pour qu'une critique soit utile et applicable, il faut qu'elle soit constructive, encourageante, qu'elle vise l'amélioration. Pourtant, en règle générale, les critiques qui visent le serviteur ne sont pratiquement jamais perçues positivement. De plus, ceux qui critiquent le serviteur sont souvent ceux qui ne font rien, qui eux-mêmes ne sont dans aucun service ! S'ils l'étaient, ils réfléchiraient sur la manière de « reprendre » un serviteur sur ce qui ne va pas.

Il y un an environ, nous avions une dame au sein de l'église qui venait de dépasser ses 100 ans. Le pasteur a eu la bonne idée de lui demander, si elle le souhaitait, de parler au micro afin de nous donner un conseil, un encouragement ou autres. Tout le monde se demandait ce qu'elle pourrait bien dire. Elle a vécu un siècle ; quelles leçons avait-t-elle retenues, qu'est-ce qu'elle pourrait nous dire pour nous encourager ou nous enseigner ? Moi qui avais plus ou moins le quart de sa vie, je me demandais bien ce qu'elle pourrait nous enseigner de son expérience. Le temps de se lever et de s'approcher du micro, je n'ai pas pu m'empêcher de me poser moi-même la question, qu'aurais-je dit à sa place ? Cette dame s'est approchée du micro laissant quelques secondes de silence, l'occasion pour chacun d'être à l'écoute. Celle-ci dit tout simplement avec sa petite voix : *« Comme encouragement, je dirais de ne pas critiquer ! Ne pas critiquer l'église et ce qui est fait »*. Son discours a été très court. Je m'attendais à tout sauf à cela, je m'attendais à ce qu'elle dise de ne pas perdre la foi, de persévérer ou que le secret de la vie chrétienne était d'avoir une vie de prière, d'axer notre travail sur l'évangélisation ... D'un côté, c'est bien normal que je n'y ai pas pensé, cette dame venait de parler avec une expérience de 100 ans de vie alors que moi je n'avais qu'une vingtaine d'années. Cela veut dire que cette dame avec tout ce qu'elle avait vécu, de bons moments comme des moments d'épreuve, de tout ce qu'elle avait pu voir et comprendre, elle avait constaté que la critique était ce qui détruisait l'œuvre de Dieu.

Il ne faut pas se leurrer, la critique ne vient pas de Dieu mais bien du malin et lorsqu'elle vient taper à la porte, elle n'arrive jamais au bon moment. Alors que venait de se terminer une grande soirée d'évangélisation préparée depuis plusieurs mois, une personne est venue voir le pasteur parce qu'il avait oublié de citer son nom pour la remercier de sa participation. Alors que des dizaines et des dizaines d'heures ont été nécessaires pour créer un carnet de chants afin que les jeunes aient un support pour chanter, quelqu'un a relevé simplement le fait qu'il y avait une faute d'orthographe sur la page 3.

Je ne compte plus la quantité d'histoires vécues où un pasteur a utilisé beaucoup de temps et d'énergie en faisant des visites auprès d'une famille pour les exhorter, prier avec eux, faire connaître l'Évangile, les encourager, pour que finalement tout cela soit « balayé » par une personne de l'église qui les accueille avec des questions très intrusives. Ceux-là ne souhaitent plus mettre les pieds dans l'église.

Une personne qui se fait violence et qui pour la première fois ose prier à haute voix, toute heureuse d'avoir réussi cet exploit jusqu'à ce qu'une personne lui dise que cela se voyait que c'était la première fois qu'elle priait car *« personne n'a rien compris à sa prière »* !

Un chantre qui débute, qui fait chanter l'auditoire et entend qu'il se dit de lui qu'il ne sait pas chanter. Alors que vous êtes de service à l'école du dimanche, que vous avez cette pression de vouloir bien faire, une maman vient vous voir en colère pour vous dire que dimanche dernier vous avez repris son fils qui était indiscipliné et qu'elle n'a pas du tout apprécié, de quoi vous encourager pour apporter le message quelques minutes plus tard …

Un dimanche alors que le thème de la prédication était « l'encouragement » une personne est venue m'interpeller juste après le message me demandant si je prenais des cours de musique car je jouais depuis peu d'un instrument de musique. Je lui ai répondu que non, je ne prenais pas de cours, pensant qu'après le message biblique, il m'encouragerait ; mais ce n'était pas son intention, fallait-il croire. Il m'a dit qu'il s'en doutait parce que je n'étais pas dans le rythme tout au long des chants et que si je ne prenais pas de cours, je pouvais toujours regarder sur internet comment faire. Ma réaction a été de rire, vraiment, je ne m'attendais pas à un tel « encouragement » après un message biblique pareil. Il y a parfois de quoi être abattu. Généralement, cela arrive juste avant ou après que nous ayons fait une action pour Dieu.

En réponse à ces réflexions, je trouve ce verset tout à fait approprié *« Que votre parole soit toujours accompagnée de grâce, assaisonnée de sel, afin que vous sachiez comment il faut répondre à chacun »* (Colossiens 4 v. 6).

Je me permets d'ouvrir une parenthèse car ce sujet me tient à cœur. Que faire lorsque nous entendons des critiques sur les autres ? Si nous écoutons une personne qui critique notre frère, notre sœur, un serviteur, le pasteur ou bien notre église, sans nous positionner contre, cela veut dire que nous cautionnons. De plus s'il critique les autres devant nous, sachons que très certainement, il nous critique aussi auprès d'eux. Ne laissons pas la discussion prendre ce chemin mais coupons la conversation avant que des choses peu édifiantes en sortent et que l'image que nous avons de nos frères et sœurs ne soit faussée. La critique est le premier pas vers la division et les conflits. Nous ne resterions pas la bouche fermée si l'on critiquait notre famille, nos parents, nos enfants, notre conjoint ; il en est de même pour nos frères et sœurs qui sont notre famille en Christ.

« De la même bouche sortent la bénédiction et la malédiction. Il ne faut pas, mes frères, qu'il en soit ainsi. La source fait-elle jaillir par la même ouverture l'eau douce et l'eau amère ? » (Jacques 3 v. 10 -11).

Que faire si la critique nous a déjà atteint ? Mon frère, ma sœur, je vous encourage à ne pas vous laisser ébranler pas ce genre de réflexion, parfois blessante, volontairement ou pas. Réalisons que le but de l'ennemi est de vous décourager. Ne soyons pas étonnés, la critique vient pour nous faire douter de ce que nous faisons, nous décourager et nous détruire. Tout cela ne vient pas de Dieu. Demeurons en paix et constant dans notre service, sachant que Dieu lui-même s'occupe du reste. Celui qui ne fait rien ne sera jamais (ou rarement) critiqué et c'est normal, il ne fait rien. En revanche, celui qui avance avec le Seigneur, qui travaille pour Dieu, celui-là sera éprouvé. Pour ma part, j'accepte la critique, d'une part parce que je sers Dieu, d'autre part parce que celle-ci me fait grandir et progresser dans mon cheminement avec Dieu. La Bible relate bien des histoires d'hommes de Dieu qui ont été critiqués et humiliés à la vue de tous. Pour autant, ils n'ont pas abandonné. Noé fut vraisemblablement critiqué alors qu'il construisait l'arche, Job l'a été alors qu'il était dans l'épreuve, Jean-Baptiste alors qu'il annonçait la venue du Messie, et Jésus à de multiples reprises et nous connaissons la fin de l'histoire de chacun d'eux. Soyons renouvelés et encouragés avec ce verset *« Mais ceux qui se confient en l'Eternel renouvellent leur force. Ils prennent le vol comme les aigles ; Ils courent, et ne se lassent point, Ils marchent, et ne se fatiguent point »* (Esaïe 40 v. 31).

Chapitre 14 :

Servir en famille

« Moi et ma maison, nous servirons l'Eternel »
(Josué 24 v. 15).

Depuis le début je fais allusion au service à titre individuel et pas au sens large, en famille. S'il y a de la joie de servir son Dieu, il y en a davantage à le servir en couple et en famille. Comme le verset cité juste au-dessus, Josué ne voulait pas seulement servir Dieu mais le servir *en famille !* Josué voulait que toute sa famille soit engagée pour l'œuvre de Dieu.

Ce n'est pas seulement servir à deux dans une action mais c'est avoir la même vision pour l'église, le même respect pour le pasteur, avoir à cœur d'entourer une personne en difficulté, une veuve, un(e) célibataire. Le Seigneur veut vous utiliser pour son œuvre mais il veut aussi utiliser votre mari, votre épouse, vos enfants et vos parents. D'une part, pour servir en couple dans un même service, d'autre part, ça permet d'être sur la « même longueur d'onde » spirituellement. Ensuite, une fois que les deux ont une seule et même vision du service et de Dieu, le couple peut se soutenir, progresser, prier, persévérer, pleurer, se réjouir et davantage apprendre à se découvrir l'un et l'autre. Pendant que l'un œuvre, l'autre prie. Les deux comprennent et vivent l'implication et l'importance du service de l'autre. Il est triste de voir des couples une fois mariés arrêter leurs engagements, alors qu'ils pourraient justement servir ensemble. Ou bien lorsqu'ils ont un enfant ils ne viennent plus, jusqu'à parfois-même abandonner leur église. *« Je n'ai plus le temps maintenant, Dieu m'a donné un enfant »* disent-ils. Justement, n'est-ce pas une bénédiction ?

Encore un point non négligeable, c'est le fait de « consacrer ses enfants » à Dieu et ce parfois même avant leur naissance. *« Je veux que mon fils/ma fille t'appartienne et soit un instrument entre tes mains, un serviteur ! »* Nous savons que Jésus ne s'intéressait pas uniquement aux adultes mais il apportait une attention toute particulière aussi aux enfants, il voulait les enseigner dès leur plus jeune âge. ***« Et Jésus dit : Laissez les petits enfants, et ne les empêchez pas de venir à moi ; car le royaume des cieux est pour ceux qui leur ressemblent »*** (Matthieu 19 v. 14).

De nos jours, beaucoup ambitionnent un avenir standard pour leurs enfants : de bonnes études, un bon travail pour avoir une bonne situation sociale mais rien sur le plan spirituel. Il n'y a aucun mal à vouloir la réussite de ses enfants, bien au contraire, mais il faut bien avouer que beaucoup investissent bien plus pour les choses terrestres que pour les valeurs spirituelles. Avant même que nos enfants soient nés, nous devrions aspirer à ce qu'ils soient sauvés plutôt qu'avoir une situation prestigieuse et enrichissante. D'ailleurs, ce n'est pas qu'un souhait, il faut être acteur de cela. Nos enfants ne sont jamais trop petits pour entendre parler des merveilles de Dieu et que leurs soient inculquées ces valeurs. En tant que parents nous voulons consacrer nos enfants à Dieu, nous voulons qu'ils soient sauvés et qu'ils deviennent des serviteurs et des servantes zélés pour Dieu.

Lire la Parole de Dieu en famille, prier en famille, écouter et chanter des chants chrétiens, aller à l'église en famille, sont de solides fondements posés pour bâtir leur avenir. Pourquoi est-ce que nous allons à l'église avec nos enfants alors qu'ils n'ont pas même l'âge de marcher ? Pourquoi est-il si important qu'ils aient une éducation spirituelle ? Parce que *moi et ma famille nous servirons l'Eternel.* Dans la Bible nous voyons des personnes qui ont été consacrées à Dieu par leurs parents ou qui elles-mêmes ont consacré leurs enfants. Samuel a été consacré par sa mère, Anne. *« C'était pour obtenir cet enfant que je priais, et l'Eternel m'a accordé ce que je lui demandais. A mon tour, je veux le consacrer à l'Eternel : pour toute sa vie, il lui sera consacré »* (1 Samuel 1 v. 27-28). Samuel a grandi dans les voies de Dieu car sa mère l'avait consacré à Dieu.

Chapitre 15 :

Répondre à l'appel de Dieu dans un service bien précis

Jusqu'à maintenant, j'ai abordé uniquement le fait de ne pas attendre d'avoir un appel de Dieu pour servir mais qu'en est-il lorsque vous recevez clairement un appel pour servir dans un domaine précis ? Certains diront que c'est le plus facile : *« Enfin une réponse claire de Dieu, enfin une direction donnée ! ».* Il me parait important d'aborder ce sujet-là aussi car parfois, ceux qui attendent de recevoir un appel ne le reçoivent jamais et ceux qui n'en attendaient pas, finalement en reçoivent un ! On pourrait penser : *« Quoi de plus facile ? Dieu vient de te dire ce qu'il voulait que tu fasses, il n'y a plus qu'à s'y mettre »,* mais la réalité est tout autre. Selon l'appel que nous recevons de Dieu, plusieurs réactions peuvent être observées. Certains auraient souhaité ne pas en recevoir compte tenu de l'implication que cela demande. Pour certains, c'est être pasteur, d'autres, évangéliste ou encore missionnaire. Ceux-là sont les appels les plus remarqués, mais il y a en a tant d'autres où nous pouvons être appelés à servir. J'ai entendu à plusieurs reprises des pasteurs témoigner et dire qu'entre le moment où ils ont reçu cet appel et le moment de s'engager, il s'est écoulé parfois plusieurs années tant cette nouvelle les bouleversait ou leur donnait le sentiment de ne pas être à la hauteur.

Je réitère ce que j'ai dit plus haut ; je reste persuadé que si nous recevons un appel bien précis à servir dans un domaine, c'est bien parce que naturellement nous n'y serions jamais allés. Dieu est maître de toute circonstance. Il sait qui il appelle, pourquoi il appelle et pour quel service très précisément et aussi pourquoi il n'appelle pas tout le monde. Dieu appelle parfois par un don spirituel, un rêve, une parole adressée directement à la personne, lors d'une conversion et de tant d'autres possibilités, peu importe la manière, il ne se trompe jamais[10]. Le seul point commun que nous avons tous, c'est que nous ne méritons rien, nous ne méritons ni d'être sauvés, ni même d'être utilisés par lui et pourtant il le fait quand même.

Si vous avez reçu un appel pour un sujet bien précis, c'est normal que vous ayez peur et que vous doutiez. C'est aussi normal que vous ne vous en sentiez pas digne, vous ne l'êtes pas ! Soyez déjà rassuré sur ce point-là. C'est une grâce que de servir Dieu. La Bible met en avant beaucoup de serviteurs de Dieu qui eux aussi ont eu peur, ont douté et certains même, ont rejeté l'appel. Moïse, lorsqu'il a vu le buisson ardent et que Dieu lui a dit très

---

[10] Dieu parle cependant, tantôt d'une manière, tantôt d'une autre […] (Job 33 v. 14).

distinctement qu'il allait délivrer son peuple de la main de pharaon, il a cherché tout un tas d'excuses pour ne pas s'y rendre ou pour dire qu'il n'était pas la bonne personne pour cela. *« Maintenant, va, je t'enverrai auprès de Pharaon, et tu feras sortir d'Égypte mon peuple, les enfants d'Israël. Moïse dit à Dieu :*

- *Qui suis-je, pour aller vers Pharaon, et pour faire sortir d'Égypte les enfants d'Israël ? »* (Exode 3 v. 10 et 11).

- *« Mais, s'ils me demandent quel est son nom, que leur répondrai-je ? »* (v. 13)

- *« Moïse répondit, et dit : Voici, ils ne me croiront point, et ils n'écouteront point ma voix. Mais ils diront : L'Éternel ne t'est point apparu »* (4 v. 1).

- *« Moïse dit à l'Éternel : Ah ! Seigneur, je ne suis pas un homme qui ait la parole facile, et ce n'est ni d'hier ni d'avant-hier, ni même depuis que tu parles à ton serviteur ; car j'ai la bouche et la langue embarrassées »* (4 v. 10).

- *« Moïse dit : Ah ! Seigneur, envoie qui tu voudras envoyer »* (4 v. 13).

Malgré toutes ses paroles, Dieu a su l'encourager et le convaincre qu'il était la bonne personne pour ce service et nous connaissons tout ce que Moïse fera par la suite, bien plus encore que seulement délivrer le peuple Hébreu. Il en est de même pour Jonas qui s'enfuit (Jonas 1 v. 3) de Gédéon qui était le plus petit et de la famille la plus pauvre (Juges 6 v.

15), de Jérémie qui était un enfant et ne savait pas parler (Jérémie 1 v. 6). Ils n'étaient pas « qualifiés » au départ, ce n'était pas une évidence pour eux ni même pour leur entourage qu'un jour ils entreraient dans le plan de Dieu et qu'ils œuvreraient, de telle sorte qu'aujourd'hui on en parle encore. Mais Dieu sait qui il choisit.

Rappelons-nous que Dieu sait toutes choses et qu'il voit bien au-delà de nous, il voit la finalité de son œuvre au travers de notre service alors tout comme Esaïe,[11] Samuel[12] ou bien encore Moïse,[13] et Ananias,[14] soyons prêts à répondre : *« Me voici »*, à l'appel de Dieu.

---

[11] Esaïe 6 v. 8.
[12] 1 Samuel 3 v. 4.
[13] Exode 3 v. 4.
[14] Actes 9 v. 10.

Chapitre 16 :

Porter du fruit

« Ce n'est pas vous qui m'avez choisi ; mais moi, je vous ai choisis, et je vous ai établis, afin que vous alliez, et que vous portiez du fruit, et que votre fruit demeure, afin que ce que vous demanderez au Père en mon nom, il vous le donne » (Jean 15 v. 16).

Certains se posent la question, et à juste titre, ce que je fais aussi ; cela va-t-il porter du fruit ? J'aborderai dans la partie suivante « En voir les fruits » mais pour l'instant je vais parler de « Va-t-il y avoir du fruit ? ». Quand je parle de fruit, je parle bien d'avoir du « résultat », la « récompense », la « victoire ». Pour donner un exemple, le fruit attendu pour une personne qui révise toute l'année c'est de réussir son examen. Pour une personne qui persévère dans la prière, le fruit sera de voir la réponse tant attendue à sa prière, se réaliser.

Qui ne rêve pas de se sentir utile dans son service pour Dieu ? C'est bien normal de souhaiter qu'il y ait un résultat. Une personne qui évangélise dans la rue, qui tient un stand biblique, qui distribue des évangiles ou des flyers d'invitations, peut à un moment où à un autre douter en ne voyant rien de visible s'effectuer. Cela vous est peut-être arrivé de faire ce constat et de dire à Dieu : « *Seigneur j'ai passé tant d'années, tant d'investissement et d'énergie dans ce service et je ne vois rien ; es-tu sûr que c'est bien utile ?* » Si vous pensez cela, alors j'aimerais vous rassurer dès à présent, le Seigneur connaît toutes choses et il tient toutes choses entre ses mains. Il voit loin, il sait tout, il peut tout. S'il vous a demandé d'œuvrer pour lui, alors soyez d'ores et déjà certains que cela **est utile** et **portera du fruit** !

Il est possible que Dieu vous ait demandé de faire quelque chose pour lui sans même vous donner la raison. Simplement : « *Sers-moi dans ce domaine-là* ». S'il vous a confié une « mission » quelle qu'elle soit, il sait pourquoi et en connaît déjà la finalité. Rassurez-vous ce que vous faites est utile pour son œuvre, sinon il ne vous l'aurait jamais confiée.

Qu'en est-il d'une œuvre que vous faites, si Dieu ne vous l'a pas demandée ? Il faut bien l'avouer, rares sont ceux qui partent seuls à l'aventure pour Dieu sans un « mentor » ou un responsable qui l'encadre et l'épaule. Généralement, notre service répond à un besoin, qu'il soit dans l'église ou bien en dehors mais en lien avec celle-ci. De ce fait, nous pouvons dire que cela est conduit, voulu de Dieu (je généralise). En ce qui concerne certains services isolés de votre propre initiative si vous avez les qualités précédemment citées, de l'humilité, de l'amour, de la constance, de l'équilibre et enfin que vous êtes proche de Dieu, alors Dieu lui-même vous conduira pas à pas. Nous pouvons dire que si c'est une œuvre qui sert Dieu alors elle portera du fruit.

« Je suis le cep, vous êtes les sarments. Celui qui demeure en moi et en qui je demeure porte beaucoup de fruit, car sans moi vous ne pouvez rien faire » (Jean 15 v. 5).

« Ainsi, mes frères bien-aimés, soyez fermes, inébranlables, travaillant de mieux en mieux à l'œuvre du Seigneur, sachant que votre travail ne sera pas vain dans le Seigneur » (1 Corinthiens 15 v. 58).

Encore un point qu'il ne faut pas négliger, un serviteur qui veut porter du fruit ne cherche pas à plaire aux hommes mais à Dieu, *« Et maintenant, est-ce la faveur des hommes que je désire, ou celle de Dieu ? Est-ce que je cherche à plaire aux hommes ? Si je plaisais encore aux hommes, je ne serais pas serviteur de Christ »* (Galates 1 v. 10). Il arrive que dans notre service nous cherchions l'approbation des uns et des autres, voulant nous persuader que ce que nous faisons est bien. Malheureusement, si nous marchons sur cette voie, nous allons finir, sans nous en apercevoir, par servir les hommes et non plus Dieu, et par nous écarter petit à petit de notre mission première.

Chapitre 17 :
En voir les fruits

J'en viens à la partie la plus difficile peut-être à accepter pour un serviteur, *« Vais-je en voir les fruits ?»* Comme dit dans la partie précédente, nul doute que le service pour le Seigneur portera ses fruits. Cela dit, il y a une grande différence entre «porter du fruit» et «en voir les fruits». La Bible nous encourage et nous demande de porter du fruit **mais jamais elle ne mentionne le fait que systématiquement, nous verrons ces fruits** !

Prenons par exemple Abraham, Isaac et Jacob, ils ont eu la promesse de Dieu que leur descendance hériterait le pays promis mais cela ne s'est fait qu'à l'époque de Josué, quatre ou cinq siècles plus tard. Le prophète Jérémie a eu la révélation qu'Israël serait libéré de Babylone au bout de soixante-dix ans et retournerait dans son pays, mais il n'a pas vécu assez longtemps pour voir cela. Plusieurs prophètes comme David dans certains Psaumes, Ésaïe, Michée, Daniel, Zacharie, Malachie ont parlé de la venue de Jésus mais aucun n'a vécu jusqu'à l'époque de sa venue. Au sens le plus large nous pouvons parler de tous les croyants (ainsi que nous actuellement) qui ont cru que Dieu donne la vie éternelle aux siens, car aucun de nous n'a vu cela pour l'instant. Tous ces serviteurs n'ont pas vu les fruits de leur foi.

« *Car c'est en espérance que nous sommes sauvés* » (Romains 8 v. 24).

Dieu nous appelle à le servir et pas à en voir les fruits. Bien-sûr, Dieu est souverain, il fait ce qu'il veut, il permet parfois aux uns et aux autres de voir les fruits de leur dur labeur spirituel mais ce n'est pas un dû. Lorsque j'ai compris cela, après des mois et des mois d'incompréhension, de remise en question personnelle et spirituelle, d'échange avec le Seigneur, j'ai enfin eu ma réponse.

Pour préciser le contexte, cela faisait des années que Dieu m'avait très clairement parlé et appelé pour un certain service (que je ne mentionnerai pas volontairement). Ce service me coûtait et me formait en même temps, mais au bout de quelques années, une petite voix résonnait en moi-même me disant : « *Regarde ce que tu fais, ça ne sert à rien, TU ne sers à rien ! Après tous tes efforts et tes engagements dans l'ombre, tu n'as aucun retour, personne n'est reconnaissant envers toi. Dieu ne t'a jamais demandé de faire tout cela. Depuis le début, tu t'es fixé un objectif et tu es parti tout seul dans ce projet qui ne tient pas la route, tu es tout seul. Tu devrais arrêter* ». Toutes ces mauvaises pensées commençaient avec le temps à m'atteindre, surtout la phrase finale : « *Tu devrais arrêter* », « *Tu devrais arrêter* », « *Tu devrais arrêter* ».

En voir les fruits

Dans cette période de tourmente où j'étais un peu déstabilisé pensant être certain de n'avoir rien inventé et étant convaincu que Dieu m'avait très distinctement parlé, j'ai changé ma manière de prier. Auparavant, j'exprimais mes doutes au Seigneur disant : *« Seigneur, pourquoi n'ai-je aucun retour, pourquoi n'en vois-je pas les fruits, je pense que je vais arrêter car tout cela ne sert à rien »*. Finalement, j'étais rentré à fond dans le jeu du diable, les paroles qui me traversaient l'esprit étaient complètement devenues les miennes. Au lieu de continuer comme ça, j'ai changé mes prières accusatrices envers Dieu par des prières plus sincères, repentantes, disant : *« Seigneur tu vois mon état de cœur et mes incompréhensions, je voudrais tout simplement te demander pardon si depuis le début je me suis engagé tout seul dans ce service. Je te demande pardon si c'est par orgueil que j'ai fait cela »*, pensant m'arrêter après cela.

Quelque temps après avoir fait cette prière, assez rapidement, Dieu me fit réaliser là où avait été mon erreur et à quel moment je m'étais laissé convaincre par ces mauvaises pensées. J'avais ces paroles en moi : *« Mon enfant, oui je t'ai bien demandé de faire cela pour moi, le jour même de ta conversion, ne te laisse pas influencer par ces mauvaises pensées qui ne viennent pas de moi, en revanche je ne t'ai jamais appelé à en voir les fruits ! »* *« Je t'ai appelé à semer et non pas à récolter, ni même à voir pousser »*.

Ces propos-là m'ont fait l'effet d'une gifle qui remet d'aplomb et rassure à la fois. J'étais rassuré et conforté dans l'idée que je n'avais rien inventé mais aussi j'avais appris une leçon importante. *« Je ne t'ai jamais appelé à en voir les fruits – mais simplement à semer ! »* Subitement, un fardeau immense est parti, comme un poids en moins sur les épaules. Depuis le début, je portais une responsabilité qui n'était pas la mienne, comme une mission qui en découlait d'une autre mais qui n'était pas à ma charge. Une fois cette certitude réaffirmée, ces mauvaises pensées ont instantanément disparu et j'ai pu continuer ce service jusqu'à ce jour (cela fait douze ans).

Dieu venait de me faire comprendre, *« Occupe-toi de tes affaires et de ce que je te demande et ne t'occupe pas du reste. Le reste ne te concerne pas, je fais ce que je veux de la suite mais une chose est essentielle : Fais ce que je te demande – tu m'es utile »*. Quelle joie il y a de se savoir utile pour le Seigneur et dans sa volonté !

Quand j'analyse cette expérience, je me rends compte que le diable, surnommé le malin, est vraiment sournois. Il m'a fait croire que le problème venait de moi, que je n'avais pas assez bien fait les choses au vu du résultat, puis par la suite, m'a incité à tout arrêter par découragement. Savoir que j'avais fait cela par orgueil et/ou que j'avais abandonné, aurait pu réellement décourager ma vie spirituelle et ma marche avec le Seigneur.

Toute cette histoire pour en arriver à ceci : Dieu nous appelle plus souvent à le servir qu'à en voir les fruits et c'est pour notre bien. Pour donner un autre exemple, souvent lorsque nous parlons de l'œuvre de Jésus à la croix, nous voulons que les personnes se convertissent, donnent leur cœur à Dieu… même parfois un peu trop. On voudrait même faire à la place de Dieu, convertir nous-mêmes notre entourage. Seul Jésus sauve, nous sommes simplement (et c'est déjà énorme) appelés à témoigner, à semer !

Lorsque j'ai compris cela, mon champ d'action dans le service pour Dieu s'est encore plus grandement ouvert. Il y avait auparavant plusieurs services pour lesquels je trouvais qu'il y avait trop de travail pour si peu de résultat apparent. Par la suite, j'ai pu travailler dans divers services en sachant que je ne verrai pas le fruit de mon travail, mais ce n'était pas grave car Dieu ne me le demandait pas. C'est après avoir vécu cette expérience-là, que j'ai pu distribuer des milliers d'évangiles et autres prospectus d'évangélisation, tout en sachant que je n'en verrai jamais (à hauteur du nombre donné) les fruits, et c'est merveilleux.

Pour conclure ce chapitre, je ne compte plus le nombre de fois où j'ai entendu le témoignage de pères de famille (où de mères) engagés avec le Seigneur, ayant prié pour que leurs enfants le soient également. Bien des années plus tard, après que le père ait rejoint la patrie céleste, les enfants se sont convertis les uns après les autres. Dieu n'a pas oublié la prière du père, toutes ses larmes, ses années de prière et de foi qui ont abouti à l'exaucement, cependant le père ne l'a pas vu, mais qu'importe ? L'essentiel est qu'il y ait du fruit ! Merci Seigneur.

Chapitre 18 :

Sauvé pour servir

« Je suis chrétien(ne), converti(e) depuis maintenant plusieurs années et je ne sers pas, je n'en ressens pas le besoin, est-ce grave ? »

Peut-être que vous aussi, vous vous êtes déjà questionné, pourquoi servir ? C'est vrai, l'essentiel est déjà fait, *« Je suis sauvé, ai-je besoin de plus ? »*. En réalité, c'est une bonne question à se poser. Si vous êtes né de nouveau, alors sachez que Dieu vous appelle à le servir, nous sommes sauvés pour servir !

« Car on raconte, à notre sujet, quel accès nous avons eu auprès de vous, et comment vous vous êtes convertis à Dieu, en abandonnant les idoles pour servir le Dieu vivant et vrai [...] » (1 Thessaloniciens 1 v. 4).

Vous qui avez déjà fait cette rencontre avec notre Sauveur, ne souhaitez-vous pas que votre entourage fasse cette même rencontre ? Pour vous inspirer de Jésus comme nous le faisons depuis le début, Jésus est venu sur terre pour servir et il formait ses disciples à faire de même. Il dira en Matthieu 28 v. 19 et 20 : ***« Allez, faites de toutes les nations des disciples, les baptisant au nom du Père, du Fils et*** *du Saint-Esprit, et enseignez-leur à observer tout ce que je vous ai prescrit »*. Leur service ou bien leur mission principale était de faire des disciples, de transmettre ce que Jésus leur avait lui-même enseigné. Si aujourd'hui nous avons la chance de connaître cette Bonne Nouvelle, c'est qu'ils ont bien rempli leur rôle. Vous devez servir Dieu vous aussi. La Bible nous dit : *« Nul ne peut servir deux maîtres. Car, ou il haïra l'un, et aimera l'autre ; ou il s'attachera à l'un, et méprisera l'autre. Vous ne pouvez servir Dieu et Mamon »* (Matthieu 6 v. 24). En fait ce verset répond parfaitement à notre question de base, nous ne pouvons pas servir le monde (Mamon) et Dieu car nous ne pouvons pas pleinement nous investir pour deux maîtres. Dieu nous appelle à pleinement nous engager dans *son* service pour *lui*. Plus encore, ce verset ne laisse pas de place à un entre-deux, nous ne pouvons pas dire : *« Je ne sers ni Dieu, ni le monde »* non, soit nous servons l'un soit nous servons l'autre, il n'y a pas de neutralité.

Rappelons-nous que nous avons tout eu par grâce, que ce soit nos dons, nos compétences et qualités ainsi que le salut en Jésus-Christ. Jésus dira : *« Vous avez reçu gratuitement, donnez gratuitement »* (Matthieu 10 v. 8), *« Faites ce qu'on a fait pour vous »*, il y a de la joie à servir notre Seigneur, c'est un honneur de se savoir le serviteur de notre Dieu.

« Ayez du zèle, et non de la paresse. Soyez fervents d'esprit. Servez le Seigneur » (Romains 12 v. 11).

Conclusion

« C'est bien, bon et fidèle serviteur ; tu as été fidèle en peu de chose, je te confierai beaucoup ; entre dans la joie de ton maître » (Matthieu 25 v. 21).

Pour conclure, le service, c'est une attitude, un état d'esprit ; plus encore, un devoir, non pas simplement parce que Dieu nous le demande mais parce que c'est bon de se sentir utile pour son Seigneur. Les dons, les qualités que nous avons, et nous en avons tous, nous les avons acquis ou reçus car Dieu nous les a donnés, utilisons-les pour le servir ! Faisons ce que nous pouvons avec ce que nous avons ! *Tout ce que ta main trouve à faire avec ta force, fais-le*[15] dit la Bible.

Toutes ces qualités que nous avons citées, que ce soit l'humilité, l'amour, notre intimité avec Dieu, la constance et l'équilibre, ne sont pas innées. Elles s'acquièrent avec le temps et s'améliorent au fil des années. Cela demande beaucoup de discipline personnelle. Si vous ne les avez pas, si vous voulez les approfondir ou bien même vous perfectionner, chose que tout serviteur devrait faire, priez Dieu,

---

[15] Ecclésiaste 9 v. 10.

demandez à celui que vous servez de vous rendre zélé pour son œuvre et il le fera.

Je vous encourage à ne pas avoir peur de sortir de votre zone de confort. Soyez là où il y a un besoin plutôt que là où vous avez envie, pour reprendre l'exemple de cet homme de Dieu, *« Bouche le trou qu'il y a au milieu de la route au lieu de faire un dos d'âne »*. Allez vers votre pasteur et demandez-lui où vous pouvez servir et comment vous pouvez vous former pour être apte à ce service. Rendez-vous disponible, armez-vous de l'humilité, d'amour, soyez proche de Dieu pour connaître sa volonté et ses plans pour votre vie. Enfin, soyez constant et équilibré pour que votre service porte du fruit. Rappelez-vous que celui que vous servez, c'est Dieu, et il en vaut tous les honneurs, il y a de la joie à être embauché par Dieu. Visez à être remarquable sans chercher à être remarqué, Dieu se chargera du reste. Aussi et pour terminer, n'oublions jamais que nous sommes tous des serviteurs ici-bas. Même si nous ne recevons pas un appel pour un domaine bien précis, Dieu nous appelle *tous* à être le sel de la Terre et une lumière pour ce monde. Nous vivons **dans** ce monde mais nous ne sommes pas **du** monde, nous faisons la différence.

« Vous êtes le sel de la terre. Mais si le sel perd sa saveur, avec quoi la lui rendra-t-on ? Il ne sert plus qu'à être jeté dehors, et foulé aux pieds par les hommes. Vous êtes la lumière du monde. Une ville

située sur une montagne ne peut être cachée ; et on n'allume pas une lampe pour la mettre sous le boisseau, mais on la met sur le chandelier, et elle éclaire tous ceux qui sont dans la maison. Que votre lumière luise ainsi devant les hommes, afin qu'ils voient vos bonnes œuvres, et qu'ils glorifient votre Père qui est dans les cieux » (Matthieu 5 v. 13 à 16).

Il y a plusieurs années maintenant, alors que j'essayais de répondre moi-même à ces questions : *« Comment servir Dieu si je n'ai pas reçu d'appel »* et *« Comment me rendre utile »*, je me suis fixé une règle très simple mais efficace. Je me suis dit : *« A partir de maintenant, ne refuse rien ! Toujours de manière équilibrée et réalisable bien-sûr mais ne refuse pas de te rendre utile lorsque tu le peux. Ne te laisse pas gagner par la paresse, le manque de reconnaissance, la peur de sortir de ton confort routinier »*. En faisant cela, je me suis rendu compte dans un premier temps qu'il y avait énormément de besoins, beaucoup plus que je ne l'imaginais. En plus de cela, j'ai réalisé que c'était un énorme moyen de propager l'Evangile. Selon les besoins, on est parfois amené à aider des familles, des gens en difficulté, qui sont ensuite touchés, interpelés par les personnes qui les aident sans rien attendre en retour. Cela nous demande parfois peu d'efforts, simplement avoir une attitude de cœur favorable. Pour eux par contre, lorsque l'on intervient alors qu'ils sont sans solution, l'occasion nous est donnée de faire connaître notre Sauveur.

Tout autour de vous, il y a sûrement beaucoup plus de besoins et d'occasions de servir que vous ne le pensez. Fixez-vous, vous aussi cette règle, ne refusez rien et vous verrez à quel point vous allez être utile au Seigneur.

Comme cité précédemment dans 1 Corinthiens 15 v. 58, notre travail n'est pas vain et notre récompense sera dans le ciel. Si les hommes n'ont pas vu nos bonnes actions et nos œuvres dans l'ombre, Dieu oui. *« Réjouissez-vous et soyez dans l'allégresse, parce que votre récompense sera grande dans les cieux […]»* (Matthieu 5 v. 12).

Il est temps de ne plus être spectateur mais acteur de l'œuvre de Dieu. Comme la conversion est l'image du début de la marche chrétienne, le service doit poursuivre cet engagement.

J'espère que ce livre aura répondu à certaines de vos questions et attentes ou qu'il vous aura donné la possibilité d'approfondir ce sujet-là. Que Dieu vous bénisse abondamment et qu'il fasse de nous tous des serviteurs fidèles et utiles pour son œuvre.

Printed in Great Britain
by Amazon

23328691R00066